W0301586

Karla Berndt · Birgit Heitfeld

Die chilenische Küche

Einleitung

In der Sprache der Aymará-Indianer bedeutet *chilli:* »Dort, wo die Welt zu Ende ist«. Die spanischen Eroberer übernahmen diese Bezeichnung für das südamerikanische Land. In der Vorstellungswelt der Inka aus dem Norden steht das Wort *tchili* in der Quechua-Sprache für die schneebedeckten Anden und das aus ihrer Sicht kalte Klima im Süden.
Und obwohl der langgestreckte Küstenstaat von seiner geographischen Form her entfernt an eine Chilischote erinnern könnte, hat die Landesbezeichnung *Chile* mit Chili und Chilischoten überhaupt nichts zu tun. Der Begriff Chili für die scharfen Schoten kommt ursprünglich aus einer mittelamerikanischen Aztekensprache. Auf chilenisch heißen Chili sowie die daraus hergestellte *Salsa* (Sauce) hingegen *ají*.

Kulinarisch ist Chile für uns ein beinahe unbeschriebenes Blatt. Obwohl chilenische Weine verschiedenster Rebsorten und Preisklassen seit Jahren deutsche Supermarktregale und Restaurantkeller füllen, ist bisher nur wenig über die Küche des Landes bekannt. Das diffuse Bild im Ausland spiegelt in gewisser Weise das Selbstverständnis Chiles und seiner Bewohner wider: ein Land auf der Suche nach der eigenen Identität. Peru vermarktet sich über das Inka-Gold, Argentinien pflegt das Image als Tango-Heimat, Brasilien wirbt mit Samba, Strand und Karneval. Und Chile?

Identität ist ein schwieriger Begriff. Trotzdem fällt vielen Menschen etwas ein, wenn sie sich oder ihr Land in wenigen Pinselstrichen malen sollen – mit den typischen, individuellen und unverwechselbaren Wesenzügen – seien es im Resultat auch nur Stereotpypen. Den Chilenen fällt das offenbar schwer. »Die Chilenen selbst zweifeln an ihrer Identität«, sagt Jorge Peña, der für die Friedrich-Schiller-Universität in Jena (Fachbereich Interkulturelle Wirtschaftskommunikation) zum Thema geforscht hat. In einer Umfrage sagte ein Drittel der befragten Chilenen, es gäbe keine nationale Identität, der typische Chilene existiere nicht. Knapp die Hälfte meinte, der Chilene identifiziere sich durch seine Sitten und Gebräuche, Werte und Geschichte. 60 Prozent der Befragten bekundete ein sehr schwaches Selbstbild: Ihnen fiel überhaupt nichts ein, womit sie sich und ihr Land identifizieren sollten. Das gilt in gewisser Weise auch für die chilenische Küche.

Chile ist jedoch vielen im Ausland ein Begriff als Naturparadies: Hochgebirge und aktive Vulkane, unberührte Wälder, Wüste, reißende Flüsse, Geysire und Thermalquellen locken Trekkingurlauber und Naturliebhaber in die südliche Hemisphäre. Der international bekannteste Nationalpark im Süden heißt »Torres del Paine« – nur eine von unzähligen Attraktionen. Eingezwängt zwischen Pazifikwellen und schneebedeckten Andengipfeln, grenzt der schmale, lange Landstrich an die Nachbarländer Argentinien, Peru und Bolivien. In seinen geographischen Ausmaßen ist Chile im Durchschnitt nur 180 Kilometer breit – das entspricht der Entfernung zwischen Rom und Neapel. Von Nord nach Süd misst das Land hingegen 4 300 Kilometer. Dieser Streifen bildet, wie in einem Tuschkasten, die verschiedensten Farbtöne ab – auf einer Strecke, die von Süditalien bis zum Nordkap reicht. Aber anders als in Europa führt die Reise hier durch fast alle Klimazonen unseres Planeten (als Einzige fehlt die des tropischen Regenwalds): von der trockensten Wüste der Welt im Norden (Atacama) bis hin zu den patagonischen Weiten und der Antarktis, von der 1 250 000 Quadratkilometer zu Chile gehören.

Ähnlich vielfältig sind Vegetation, Nahrungsmittel und kulinarische Ausdrucksformen. Der kalte Humboldt-Strom macht Chile zu einem Dorado für Seafood-Liebhaber. Langusten, Seehecht, Königskrabben, Seeigel, Thunfisch, Jakobsmuscheln & Co.: Fisch und Meeresfrüchte sind in reichhaltigster Auswahl und bester Qualität vorhanden. Schon der chilenische Nationalpoet Pablo Neruda sang eine Ode auf den Seeaal – und auf den chilenischen Wein. Die Schriftstellerin Isabel Allende verewigte in ihrem Buch *Aphrodite* die sinnlich anmutenden Rezepte ihrer Kindheit – unter anderem aus der Zauberküche ihrer Mutter »Panchita«. Das bekannteste Aphrodisiakum ist der Seeigel. Er wird roh geschlürft. Vor allem die Zungen der Seeigel, mit Limettensaft, Sherry und frischem Koriander, gelten in Chile als Delikatesse. Weniger waghalsige Gaumen können sich an frischen Austern, Jakobsmuscheln mit Parmesan oder einem deftigen *Caldillo de congrio* (Seeaalsuppe) laben.

Ob Kerbel, Kürbis oder Quinoa (hochwertige Getreideart aus dem Andenhochland): Auch Vegetarier werden in Chile fündig. Exotische Papayas, frische Feigen und Chirimoyas lassen die Herzen der Obstliebhaber höher schlagen.

Frutilla – das heißt zu deutsch Erdbeere. Frutillar ist gleichzeitig der Name eines Städtchens in Chiles »Kleinem Süden«. Hier findet man Gravensteiner Äpfel, »Kuchenes« mit Obstfülle und Butterstreusel, Kaiserschnitzel und Kasseler mit

»Chucrut« (Sauerkraut). Etwa im »Club Alemán«. Dort speist man zwischen Hirschgeweih, Bundesadler und andiner Panflötenmusik.

Dann erst das Hotel »Frau Holle«, das einen wunderbaren Blick über den Llanquihue-See bietet. Der Berg mit der Mütze aus Puderzucker am Horizont ist der Vulkan Osorno (2 625 m). In der Vorstellungswelt der Mapuche, Chiles indianischer Ureinwohner, war »Pire Pillan« ein mächtiger,böswilliger Gott. Charles Darwin hat's gemerkt. Ein Ausbruch ereignete sich während seiner Forschungsreise in Chile 1835–1838. Während der britische Naturforscher die Naturwunder in der südlichen Hemisphäre bestaunte und das Fundament für wegweisende Theorien schuf, bereiten sich in Deutschland schon Menschen auf die Auswanderung vor.

Am 28. November 1852 kamen die ersten 6 000 Deutschen auf dem Schiff »Susanne« in Chile an. Es hatte eine regelrechte Ansiedlungspolitik gegeben, um große Landstriche im Kleinen Süden urbar zu machen. Don Vicente Perez Rosales, offizieller Emigrationsagent der Regierung, war in Berlin aktiv, um Pioniere für den Umzug in die »Neue Welt« zu gewinnen. Die deutschen Einwanderer, deren Erbe noch bis heute ein hohes Ansehen in Chile genießt, brachten handwerkliches und auch kulinarisches Wissen aus Europa mit, das auch in der chilenischen Gastronomie seine Spuren hinterlassen hat.

Ein museales Zeugnis der kleinen Völkerwanderung ist das »Museo Colonial Alemán«, das den Alltag der Deutschen im 19. Jahrhundert wie ein Gemälde naiver Malerei abbildet – mit einem lebendigem Schmied! Für einen Europäer im 21. Jahrhundert mutet dieses »Kuchenes-Kolonial-Kaiserschnitzel«-Idyll seltsam an, sonderbar »ungebrochen«. Brasilianer und andere Latinos finden das exotisch und kommen gern zur Erholung hierher.

Traditionell ist die IX. Region – *Región de la Araucanía* – die Heimat der Mapuche. Inzwischen hat das jahrhundertealte Heilkräuter-Wissen der chilenischen Ureinwohner Eingang in die moderne Medizin und auch in die Küche gefunden. In Städten wie Temuco, Concepción und Santiago betreiben die Mapuche eigene *Herbolerías*, Apotheken, um die modernen Malaisen gehetzter Großstadtmenschen mit dem homöopathischen Wissen ihrer Vorfahren zu kurieren. Auch aus der Restaurantszene der chilenischen Hauptstadt ist ihr Know-how längst nicht mehr wegzudenken. Moderne Küchenchefs studieren das Mapuche-Wissen und lassen sich erklären, wie man Wildschweinleber mariniert. Auch Quinoa, das man hierzulande im Reformhaus kaufen kann, ist in der »neuen chilenischen Küche« eine beliebte Zutat.

Im Süden, in Patagonien, spielt das Fleisch eine wichtige Rolle – Rindfleisch und Lamm. Lamm brutzelt auch im Topf unter einem scheppernden Deckel bei Marcos, einem *Huaso* – so heißen die chilenischen Gauchos. Pulverkaffee dampft in den Tassen; klassische Musik krächzt aus dem Transistorradio. Draußen streicht und fegt der Wind abwechselnd durch den verwilderten Garten. Ein durchgeschnittenes, verrostetes Schiff , das als Bar (»El Barco«) für Parties genutzt wird, ist wie eine eigenwillige Skulptur auf einer Anhöhe installiert. Dieses Wochenend-Domizil ist etwa 40 Autominuten durch Steppe und Schotterpiste von Coihaique entfernt, der Provinzhauptstadt der Region Aysén. Keine Entfernung für patagonische Verhältnisse. Hier lädt der *Huaso* Reisende zum Reiten ein – auf El Negro, Lola und Ojalita. Für Kenner: Das sind Coraledo-Pferde.

Coihaique ist der Knotenpunkt für die Nord-Süd-Verbindung entlang der *Carretera Austral* sowie für Fahrten in die argentinische Nachbarprovinz Santa Cruz bis nach Rio Gallegos und weiter gen Süden nach Punta Arenas. Damals, zu Beginn des 20. Jahrhunderts, wurde das Land von der chilenischen Regierung verschenkt. Es war nichts wert – *in the middle of nowhere* zwischen den Flüssen Rio Gallegos und Rio Simpson gelegen. Das hat sich längst geändert. Heute kaufen US-Amerikaner das Land. Der italienische Modekonzern Benetton züchtet seit 1996 in der südlicheren Provinz Santa Cruz Schafe für die Textilherstellung. Stars wie Sylvester Stallone und Tom Selleck kommen zum Entspannen und zum (Fliegen-) Fischen in die Gegend.

Punta Arenas (120 000 Einwohner), die für Chile wichtigste Stadt im Großen Süden, war noch im ersten Jahrzehnt des 20. Jahrhunderts ein sehr bedeutender Hafen. Handelsschiffe auf dem Weg vom Atlantik zum Pazifik mussten den amerikanischen Kontinent südlich umrunden und machten hier Halt, brachten Künstler und Neuigkeiten, Waren und Produkte aus fremden Ländern mit. Am 14. August 1914 aber öffnete der Panama-Kanal. Die Stadt fiel von einem auf den anderen Tag in die Bedeutungslosigkeit. Von den einst wohlhabenden

patagonischen Schafzüchter-Dynastien erzählen nur noch die Gräber und Mausoleen auf dem *Cementerio*, dem pittoresken Friedhof der Stadt.

Inzwischen setzt die Regierung in Patagonien offiziell auf Tourismus. Die Glanzzeit der Schafzucht war von 1930 bis 1970. Mit dem Verfall der Wollpreise seit den 70er Jahren mussten viele *Estancias* verkauft werden, vor allem im argentinischen Teil Patagoniens. Aber auch Marcos Familie hat den Umschwung in Chile gespürt. Heute besitzt die Familie 500 Hektar Land, 30 Schafe, 90 Rinder und neun Pferde, so der gebürtige Patagonier. Ein echter NYC (*nacido y criado*), also hier geboren und aufgewachsen. Während sein Bruder den landwirtschaftlichen Teil des Gehöfts übernommen hat, verdingt sich Marco als Viehtreiber und absolviert an der Abendschule in Santa Elena eine Art Diplom als Reiseführer, gefördert von der chilenischen Regierung. In der Saison, von September bis April, hat er als *local guide* 15 Millionen Pesos verdient – das entspricht 2 500 Euro pro Monat und ist auch übers ganze Jahr gerechnet ein sehr gutes Einkommen, verglichen mit den Einnahmen durch die Landwirtschaft. Die größte Hürde für Marco im Umgang mit den Touristen ist nicht seine Schüchternheit, sondern sein holpriges Englisch. Damit steht der 30-Jährige nicht allein. Kaum jemand außerhalb der Hauptstadt Santiago spricht etwas anderes als Spanisch flüssig. Und obwohl er die Basics an der Abendschule in Santa Elena lernt, lässt Marco sein limitiertes Interesse an der Yankee-Sprache durchblicken, während er die Pferde zum Ausritt sattelt.

Lange Zeit galt Chile als das Armenhaus Lateinamerikas. Die reichen Argentinier machten hier billig Urlaub. Die Küche des Landes hatte nichts Raffiniertes, Verschnörkeltes, Kompliziertes. Sie war da, um Menschen satt zu machen: einfach, deftig und bodenständig. Doch seit dem Ende der Pinochet-Diktatur im Jahre 1990 zeigt sich ein allmählicher Veränderungsprozess in der kulinarischen Szene. Zwar haben auch amerikanische Fastfood-Ketten die *Avenidas* von Santiago erobert, doch die noch vor wenigen Jahren eher bieder anmutenden Speisekarten der Hauptstadt-Restaurants in Santiago sind heute nicht selten Menütafeln mit Kreationen von internationalem Niveau gewichen. Sterneköche schreiben Kochwettbewerbe aus, um raffiniertere Menüs zu entwickeln, und die Szene ist längst aus dem kulinarischen Dornröschenschlaf erwacht. Mit beigetragen zu dieser *Apertura* (Öffnung) hat sicher auch das Freihandelsabkommen zwischen Europa und Chile, das 2003 in Kraft getreten ist und einen quasi zollfreien Import chilenischer Waren nach Deutschland/Europa ermöglicht. Das Land jenseits der Anden bietet jedenfalls alles, was die Voraussetzung für vorzügliche Kochkunst darstellt: feine Zutaten, frisch während des ganzen Jahres. Kulturell vermischen sich indianische, europäische und asiatische Einflüsse. Das verleiht der chilenischen Küche ihr unverwechselbares Flair.

Wein

von Friedhelm Mühleib, Weinexperte

Weinbau in Chile: Tiefe Wurzeln

Der moderne Weinbau in Chile blickt auf eine Tradition von fast 500 Jahren zurück: Als der spanische Conquistador Francisco der Aguirre 1541 nach Chile kam, gehörten Rebstöcke zu den wenigen erfreulichen Mitbringseln. Aguirre begann mit der Kolonisation des chilenischen Nordens, wobei er nicht vergaß, die ersten Weinberge anzulegen. Mit ihnen begann die Geschichte des chilenischen Weinbaus – 100 Jahre vor jener in Südafrika, 20 Jahre vor der Kaliforniens und Australiens. Von allen bedeutenden weinerzeugenden Ländern der Neuen Welt hat Chile die älteste Weinbautradition. Die damaligen Weine wurden vor allem aus der robusten Rebsorte País hergestellt, die bis heute in Chile weit verbreitet ist.

Der Weinbau in Chile war von Anfang an eine große Erfolgsgeschichte. Die europäischen Einwanderer merkten, dass Land und Klima wie geschaffen waren zur Anpflanzung von Reben und zur Herstellung von Wein. Die Weinberge weiteten sich bis ins 17. Jahrhundert immer weiter aus. Bis dahin hatte der Wein überall Fuß gefasst, wo es Natur und Klima zuließen. Schon damals florierte der Export billiger Konsumweine nach Spanien – was für Aufruhr unter spanischen Weinbauern sorgte.

Gut 200 Jahre später kam es zu einer entscheidenden Wende im chilenischen Weinbau, als Silvestre Ochagavia Echazarreta Mitte des 19. Jahrhunderts als erster jene Reben ins Land brachte, die auch heute noch den Weinruhm des Andenstaates begründen: Cabernet Sauvigonon, Merlot, Chardonnay und einige weitere französische Rebsorten. Damit begann der moderne Qualitätsweinbau in Chile.

Schon bald darauf gehörte es in den Kreisen der Aristokratie und des neuen Geldadels, der sein Vermögen aus der Minenindustrie bezog, zum guten Ton, ein Weingut zu besitzen. In jener Zeit war der gesamte Weinbau Chiles in der Hand von nur zehn reichen Familien. Einige jener Familien dominieren noch heute die chilenische Weinindustrie – Concha y Toro, Errázuriz, Santa Carolina, Santa Rita und Cousiño Macul gehören dazu.

Den Gründern half ein regelrechter Exportboom, ausgelöst durch die Reblaus, die in der zweiten Hälfte des 19. Jahrhunderts in Europas Weinbergen wütete und zu enormen Produktionsausfällen führte. Die Reblaus hat es übrigens bis heute nicht über die Anden geschafft: Chiles Weinstöcke sind immer wurzelecht geblieben – was einmalig für die Weinwelt ist. Heute wird überall rund um den Globus mit Pfropfreben gearbeitet, also Rebstöcken, die auf reblausresistente amerikanische Wurzeln aufgepfropft werden. Nur Chiles Rebstöcke stehen noch »auf eigenen Füßen«. Experten meinen, dass aus solchen wurzelechten Reben der beste Wein entsteht.

Bis 1940 wuchs die Anbaufläche auf über 100 000 Hektar – nur geringfügig weniger als die heutigen knapp 115 000 Hektar. Mit dem zweiten Weltkrieg kam die Entwicklung ins Stocken. Die Depressionsphase der chilenischen Weinwirtschaft endete erst 50 Jahre später, nachdem Überproduktion und Qualitätsprobleme die Branche in ihre tiefste Krise gestürzt hatten. Von da an ging es bergauf: Die »Big Player« des chilenischen Weinbusiness erkannten die Zeichen der Zeit und brachten die Branche mit gewaltigem Aufwand innerhalb weniger Jahre auf modernen Weinstandard. Mit enormen Summen, die den Eigentümern in der Regel aus Gewinnen in der Minenindustrie und in anderen Wirtschaftsbereichen zur Verfügung standen, wurde der gesamte Weinsektor zukunftsfähig gemacht – angefangen von der Anlage neuer Weinberge über die Installation modernster Kellertechnik bis hin zum Engagement erfolgreicher Weinmacher und Kellermeister aus Frankreich, Italien und Spanien.

Chile hat sich innerhalb von zehn Jahren vom Entwicklungsland in Sachen Wein zum Hightech-Produzenten entwickelt. Kaum ein anderes Land kann inzwischen so gute Weine zu so günstigen Preisen produzieren wie Chile. In der Fähigkeit, gute Weine zu relativ geringen Preisen zu erzeugen, liegt die große Stärke dieses Weinlandes. Dabei kommt die Qualität keinesfalls zu kurz: Viele *Viñas* haben es verstanden, ihren Weinen Persönlichkeit zu geben, die über die verschiedenen Jahrgänge hinweg eine erkennbare Identität und gleich bleibend hohe Qualität schafft. Wenn dieser Prozess abgeschlossen ist, werden Chiles Weine und Betriebe unwiderruflich im Weinolymp angekommen sein.

Anbaugebiete: Terroir ohne Ende

Weinreben wachsen in Chile im gemäßigt warmen Klimabereich, auf einem Abschnitt von immerhin etwa 900 Kilometern Länge. Dort reihen sich die Weinbaugebiete wie Perlen an einer Schnur in Nord-Süd-Richtung entlang der legendären Panamericana zwischen La Serena am 30. und Bío-Bío am 38. Breitengrad. Das entspricht – verglichen mit der nördlichen Halbkugel – ungefähr der Lage Spaniens.

Neben dem jeweiligen Mikroklima sind es vor allem die unterschiedlichen Böden, die Typ und Vielfalt der Weine bestimmen. Dabei reicht das Spektrum vom Schwemmland mit Kies und Geröll bis hin zu Lehm und Ton, Tuffstein und vulkanischen Böden. Wurden bis in die 90er Jahre vor allem die fruchtbaren Schwemmlandböden in den Tälern zum Weinbau genutzt, setzt sich inzwischen mehr und mehr der Terroir-Gedanke durch, weil man erkannt hat: Auf kargeren Böden in höheren Lagen mögen zwar die Erträge wesentlich niedriger sein, dafür entschädigen die Weine aus diesen Lagen jedoch mit mehr Charakter und einer Fülle von Aromen.

Atacama und Coquimbo

Sie sind die beiden heißen Nordregionen. Zur Produktion von Spitzenweinen ist es hier zu trocken – ohne künstliche Bewässerung geht hier nichts! Deswegen werden nur Tafeltrauben und die Reben für das Nationalgetränk der Chilenen, den Pisco (s. S. 28), angebaut.

Aconcagua

Die nördlich von Santiago gelegene Region gehört ebenfalls noch zu den heißen und trockenen Weinbaugebieten – mit Ausnahme der Teilregion Casablanca, die in Küstennähe liegt und erstaunlich kühl ist. Morgennebel, der vom eiskalten Humboldtstrom heraufsteigt, senkt die Temperaturen. Casablanca gilt als das beste Weißweingebiet des Landes: Von hier kommen die meisten neuen Premium-Chardonnays und Sauvignon Blancs. Am Fuß des Aconcagua, der mit seinen knapp 7000 Metern der höchste Berg des amerikanischen Kontinents ist, finden sich einige der Top-Weingüter des Landes, z.B. Errazuriz und Seña.

Valle Central

Das »Zentraltal« ist das Herz des chilenischen Weinbaus. In diesem 600 km langen Abschnitt wird der Löwenanteil des chilenischen Weins produziert. Das Tal beherbergt die international bekannten Seitentäler Maipo, Rapel, Curicó und Maule.

Maipo: Eines der ungewöhnlichsten Anbaugebiete der Welt, die Weinberge reichen bis vor die Haustür der Sechs-Millionen-Stadt Santiago. Maipo ist eine der kleinsten und feinsten Weinbauregionen Chiles. Der Rio Maipo durchquert hier ein Gebiet, das vorwiegend von fruchtbaren Schwemm- und Lehmböden sowie von Kiesuntergründen in flussnahen Lagen geprägt ist. Hier werden vor allem Cabernet Sauvignon, Merlot und Semillon angebaut.

Rapel (Colchagua und Cachapoal): Rapel mit den beiden Teilregionen Colchagua und Cachapoal ist ein Universum für sich. In keinem anderen chilenischen Weinbaugebiet gibt es so unterschiedliche Kleinklimata, so unterschiedliche Höhenlagen, so unterschiedliche Böden. Viele »Boutique Wineries« – das sind nach chilenischem Maßstab »kleinere« Kellereien bis 100 Hektar – haben sich hier niedergelassen. Erzeugt werden vor allem Rotweine aus Cabernet Sauvignon, Merlot und Carmenere.

Curico: Curico liegt etwas weiter südlich von Santiago, wo es langsam kühler wird und sich das mediterrane Klima abzuschwächen beginnt. Erzeugt werden feine und elegante Rotweine. Bekannt geworden ist das Gebiet aber auch durch seine Chardonnays.

Maule: Maule bildet gemeinsam mit Curico das größte zusammenhängende Weinbaugebiet Chiles. Viele der einfachen Weine des Landes stammen aus dem Valle del Maule. In bestimmten Lagen, die teilweise vulkanischen Ursprungs sind, wachsen allerdings auch die Trauben für einige der besten Tropfen des Andenstaates.

Región del Sur

Die Südregion war in der Vergangenheit das Aschenbrödel des chilenischen Weinbaus. 400 Kilometer südlich von Santiago gelegen, stehen hier vor allem País-Reben auf den ertragreichen Böden der Regionen Itata und Bio-Bio. Viele Fachleute sehen in dieser Region die Zukunft des chilenischen Weines: Das Klima gleicht dem des französischen Medoc – man darf also gespannt auf die Entwicklung dieser Zone sein.

Rebsorten: Cabernet & Co

Kein Land der Welt kommt mit seinem Rotweintyp so nahe an den hochwertigen Bordeaux heran wie Chile. Mehr noch: Die Verbindung von harmonischer Fruchtigkeit und reifen, nicht aggressiven Tanninen bei vielen chilenischen Top-Weinen wird nicht einmal von den Franzosen erreicht. Ein wesentlicher Grund dafür ist der enorme Wandel im Sortenspektrum während des letzten Jahrzehnts. War bis dahin die Traditionsrebsorte Pais dominierend, hat sich das Bild inzwischen stark gewandelt: Heute ist der Cabernet Sauvignon die wichtigste Rebsorte. Hinter der Pais an zweiter Stelle folgen dann die weiteren französischen Edelrebsorten Merlot, Chardonnay und Sauvignon blanc. Der aktuelle Trend geht dabei zu einer weiteren Auffächerung der Rebsorten, um das Potenzial bisher wenig verbreiteter Sorten noch stärker zu nutzen. Vor allem Syrah und Malbec liegen derzeit im Trend. Hier die fünf wichtigsten Rebsorten im Überblick:

Cabernet Sauvignon

Der Cabernet Sauvignon ist heute die wichtigste Rebsorte des Landes. Der größte Anteil der Spitzenweine des Landes wird aus ihr erzeugt. Im idealen Klima Chiles entwickelt er eine große Vielfalt an Aromen. Als besonders typisch gilt eine fast schon überbordende Frucht mit Minze- und Eukalyptusnoten – eine Besonderheit, die sich bei sonst keinem Cabernet der Welt findet. Chilenische Cabernets sind meist weicher als ihre französischen Pendants und daher bereits jünger zu genießen. Die Rebe bevorzugt Wärme und karge Böden – genau das, was Chile bietet!

Merlot

Der Merlot ergibt in Chile weiche, samtige Weine, die den Gaumen umschmeicheln. Die Merlot-Traube ist frühreif und recht ergiebig, ihre Weine sind weniger adstringierend und früher reif als der Cabernet Sauvignon. In Chile ist sie die Nummer zwei bei den edlen roten Rebsorten und häufig im Cuvée mit Cabernet Sauvignon anzutreffen.

Carmenère

Der Aufstieg der Carmenère in Chile ist eigentlich die Geschichte einer Verwechslung: Bis vor wenigen Jahren hielt man den größten Teil der Carmenères für Merlots. Erst die genetische Untersuchung des Rebenmaterials offenbarte den *Viñas*, welcher Schatz in ihren Weinbergen schlummerte. In ihrer Heimat Bordeaux ist die Carmenère-Rebe fast verschwunden. Die Winzer hatten nicht genug Geduld für die empfindliche Sorte und pflanzten lieber ertragssicherere Reben an. Gute Carmenère-Qualitäten begeistern durch wundervoll weiches Tannin und ein Bukett, das würzig und intensiv nach Beeren, Pfeffer, Kaffee und Schokolade duftet.

Chardonnay

Sie ist eine der besten Weißweinreben der Welt: Wird die Chardonnay-Traube perfekt ausgebaut, bestechen ihre Weine durch Frucht und Körper sowie ein unnachahmliches Maß an Komplexität. Die Chardonnay-Aromen reichen in Chile von Melone bis zu exotischen Früchten. Die Rebe liebt kühles Klima, weswegen sie in Chile bei Neuanpflanzungen auch genau dorthin gesetzt wird: in weniger heiße Küstengebiete wie das Casablanca-Tal oder in Hügellagen.

Sauvignon Blanc

Nach dem Chardonnay ist der Sauvignon Blanc die populärste weiße Rebsorte weltweit. Im warmen Klima Chiles entwickelt sie über ihre klassischen Aromen hinaus (grasig, kräuterig, moschusartig, stachelbeerig) ganz eigene Aromen - etwa Passionsfrucht und Grapefruit. Um die frischen Aromen zu erhalten, werden die Weine fast ausschließlich im Stahltank ausgebaut. Wie beim Chardonnay wird auch diese Rebe immer häufiger an kühleren Standorten angebaut, um eine lebendige Säure zu garantieren.

Bei den hochwertigen Weinen wird inzwischen verstärkt auf eine optimale Reife gesetzt. Dadurch treten sanfte Schokoladenaromen mehr in den Vordergrund, die die betonte Fruchtigkeit der chilenischen Roten wunderbar ergänzen, wobei sich typische chilenische Bukettnoten wie Minze und Eukalyptus eher dezenter präsentieren. Immer mehr Winzer gehen zudem dazu über, die Erträge zu kontrollieren bzw. zu vermindern, was zu mehr Struktur, Tiefe und Fülle bei den entsprechenden Weinen führt.

Wein & Reisen: Auf den »Rutas del Vino«

Reisen und Genießen – was könnte schöner sein. Wer nach Chile reist, kann beides haben: Inzwischen bieten fünf der größten und bekanntesten Weinbaugebiete Chiles spezielle Touren für Weintouristen an.

Casablanca: Reise in die Zukunft

Im Casablanca-Tal liegt für viele Experten die Zukunft des chilenischen Weines. Diese Zukunft kann man besichtigen, seit zehn der besten und bekanntesten Betriebe der Region die »Ruta del Vino Valle de Casablanca« ins Leben gerufen haben. Nur 80 Kilometer von Santiago und 40 Kilometer vom berühmten Badeort Viña del Mar entfernt kann der Besucher in dem landschaftlich reizvollen Tal einige der besten Sauvignon Blanc und Pinot Noir des Landes verkosten. Die Bodegas sind alle ausgesprochen sehenswert. So präsentiert sich »Veramonte« als klassizistisch angehauchte Weinkathedrale oder William Cole mit einer Bodega im mexikanischen Pueblo-Stil.

Cachapoal: Die Weine und das Land erleben

Eine Standard-Tagestour mit Führer im Cachapoal-Tal beinhaltet drei Bodega-Besuche inklusive der entsprechenden Weinproben und einem Menü, das speziell auf die jeweiligen Weine abgestimmt ist. Wer sich etwas mehr Zeit nimmt, kann in einer typischen Hazienda im Kolonialstil übernachten. Als Zusatzbausteine können Ausritte in die Anden, Ausflüge mit dem Mountainbike, Kutschfahrten oder Grillabende im Freien gebucht werden. Unter den elf Bodegas, die hinter der Ruta de Cachapoal stehen, sind so bekannte Namen wie Casa Lapostolle, Anakena oder Chateau Los Boldos.

Colchagua: Mit der Dampflok in die Weinberge

Im »Vorandenland« zwischen Santa Cruz und San Fernando mit Blick auf die schneebedeckten Gipfel wird eine Reise auf der Ruta del Vino Valle de Colchagua zum kleinen Abenteuer. Hier stehen dem Besucher Top-Betriebe wie z.B. Montes, Montgras, Viu Manent und Los Vascos offen. Colchagua ist das kulturelle und touristische Herz der chilenischen »Zona Central«. Besonders reizvoll ist die Tour, wenn man sie im *Tren del Vino* – dem Zug des Weines – absolviert. Auf der instandgesetzten Bahnlinie von San Fernando zur Pazifikküste verkehrt eine alte Dampflok mit historischen Wagen, die Touristen direkt vor die Tore der Bodegas bringt.

Curico: Wo sich Tradition und Fortschritt treffen

»El Secreto del Vino« – das Geheimnis des Weines und »El Encanto de las Viñas« – der Zauber der Weingüter – so heißen die Touren, die vom Büro »Ruta del Vino Valles de Curico« angeboten werden. Tatsächlich gibt es unter den Weingütern Curicos ganz viele zauberhafte Anlagen, die sich im Charme des Kolonialstils präsentieren. Idee der Veranstalter ist es, den Besuchern neben der Weinwelt Curicos auch einen Eindruck von den restlichen Besonderheiten des Tales zu vermitteln. Wer mag, kann sich auf einer Hazienda die Herstellung von Olivenöl anschauen oder andernorts die handwerkliche Produktion von Backwaren oder aber eine der riesigen Obstplantagen des Gebietes besichtigen.

Maule: Zwischen Geschichte und Natur

250 Kilometer südlich von Santiago liegen die Weingüter des Maule-Tals in einer Landschaft von unverfälschter Schönheit. Das nutzen die Organisatoren der Ruta del Vino Valle del Maule, indem sie Touren anbieten, deren Programm weit über das Thema »Wein« hinausgeht. Dabei werden dann neben bekannten Weingütern der Region wie Bouchon, Balduzzi, Cremaschi Furlotti oder Domaine Oriental der Anden-Nationalpark oder die bizarre Felsküste in der Nähe der Hafenstadt Concepción besucht, verbunden z.B. mit einem Ausritt durch die Dünen der Pazifikküste oder einer Bootstour auf dem Maule-Fluss. Einen Ausflug in die Geschichte Chiles kann machen, wer die zweitägige Tour »Vino y Pueblos Coloniales« bucht.

Die »Rutas de Vino« werden in den einzelnen Regionen von eigenen Büros betreut. Über diese Büros kann man die jeweiligen Pauschalangebote buchen oder aber Informationen für die individuelle Reiseorganisation erfragen. Mehr Informationen und Buchungsmöglichkeiten gibt es bei den jeweiligen Büros der verschiedenen Routen. Adressen siehe *Internettipps (s. S. 214)*.

Pisco: Vom Nationalgetränk zum Szene-Drink

Wer in Chile ausgeht, wird ziemlich schnell Bekanntschaft mit Pisco machen: Pisco ist das Nationalgetränk der Chilenen. Man trinkt ihn pur (nach dem Essen) oder in Form der verschiedensten Mixgetränke. *Pisco Sour* ist der beliebteste Aperitif der Chilenen – zubereitet als Longdrink aus Pisco, Limettensaft, Zucker und ungeschlagenem Eiweiß (Rezept siehe S. 200).

Chilenischer Pisco ist ein echter Branntwein – wie Cognac, Armagnac oder deutscher Weinbrand – und als solcher ein anerkanntes Qualitätsprodukt. Der Name Pisco stammt vermutlich von einer kleinen gleichnamigen Hafenstadt im Süden Perus. Der Hafen war über lange Zeit Sammelpunkt für alle Piscolieferungen, die nach Europa verschifft wurden. Die Spanier gaben dem Produkt den Namen Pisco, da das Destillat auf den Schiffen die Aufschrift »de Pisco« trug. Eine andere Erklärung besagt, dass der Begriff aus dem Quechua, der Sprache der Inkas, stammt. *Piscu* bedeutet dort »fliegender Vogel« – eine treffende Beschreibung für das Gefühl, das Pisco, in höheren Dosen genossen, auslöst.

Branntwein wurde in Südamerika bereits im 16. Jahrhundert hergestellt, und noch heute findet man auf dem grünen Kontinent die verrücktesten Brände. Sie haben jedoch größtenteils herzlich wenig mit dem heutigen Pisco gemein. Chilenischer Pisco (im Gegensatz zu peruanischen Getränken ähnlichen Namens) ist ein Qualitätsprodukt mit geschützter Herkunftsbezeichnung. Seine Herstellung unterliegt strengen gesetzlichen Regeln, die in ihren Grundzügen bereits 1931 erlassen wurden und weltweit zu den ersten Herkunftsregeln für Branntwein überhaupt zählten. Nach einer Neuregelung aus dem Jahr 1985 darf Pisco nur aus Trauben hergestellt werden, die in den Provinzen Atacama und Coquimbo wachsen. Die Trauben müssen dort zu Wein vergoren, zu Pisco gebrannt und gelagert werden.

Für die Herstellung des Pisco sind insgesamt 13 Rebsorten zugelassen. Grundlage für die meisten Produkte ist die Moscatel-Traube mit ihren verschiedenen Varianten. Besonders aromatisch und charakteristisch ist die Moscatel de Alejandria, die typische Rebsorte für die besten Pisco-Qualitäten, die auf insgesamt 15 Prozent der gesamten Pisco-Rebfläche angebaut wird. Hervorragende Qualitäten entwickelt auch die Moscatel Rosada mit einem Flächenanteil von ca. 23 Prozent. Meistverbreitete Sorte ist bis heute die Moscatel de Austria, eine recht neutrale, aber sehr ertragreiche Sorte, die auf 26 Prozent der Anbaufläche steht.

Pisco trinken mag ein kleines Erlebnis sein; die Pisco-Plantagen zu besuchen, ist ein großes. Am südlichen Rand der Atacama, der trockensten Wüste der Welt, zieht sich der Anbau der Pisco-Trauben von den Hochtälern der Anden bis zum Pazifik hin. In den Bergen bietet sich ein Anblick der Kontraste, wie sie größer kaum sein könnten: die Täler in saftiges Grün vom Blattwerk der Reben getaucht, darüber die Kulisse der nackten Felsen der Andenhänge – unter einem Himmel, an dem 360 Tage im Jahr die Sonne scheint. Zentrum der Pisco-Produktion ist das Elqui-Tal, das berühmt ist für die grandiose Bergkulisse seiner Andengipfel, die Reinheit seiner Luft verbunden mit seiner großen Abgeschiedenheit und Stille sowie seine atemberaubenden Sternennächte.

Das führt sehr unterschiedliche Menschen zusammen: Hoch oben auf den Gipfeln thronen einige der größten Sternwarten, in denen sich die Astronomen dieser Welt versammeln. Mindestens genauso fasziniert sind die Esoteriker, die sich in der Oase »Pisco Elqui« angesiedelt haben, um die besonderen Schwingungen dieses Platzes zu genießen. Pisco Elqui markiert auf 1 300 Meter Höhe den Endpunkt des Hochtales. Bis hier ziehen sich auch die letzten Weinberge hin.

Knapp 90 Prozent aller Piscos trinken die Chilenen immer noch selbst, der Rest wird vor allem in die übrigen südamerikanischen Länder exportiert. Dort ist er inzwischen zum beliebten Szenegetränk avanciert und wird vor allem auch von jungen Menschen in den Bars und Restaurants getrunken. In Deutschland sucht man ihn im Spirituosenregal der Supermärkte meist noch vergeblich. Mit etwas Glück findet man ihn im gut sortierten Getränkefachhandel.

FONO
LOCAL 141
CAJA

Chilenische Küche

Wurzeln, Gegenwart und Tendenzen

Wenn ein Chilene längere Zeit im Ausland weilt, beginnt er spätestens nach einigen Monaten seine Anstrengungen auf die Beschaffung recht merkwürdig anmutender Produkte zu konzentrieren. Mittels aus seiner Heimat kommender Mitbürger, die er über alle möglichen Kanäle und Beziehungen ausfindig macht, oder aber über den Postweg gelangen *Machas*, *Choritos* und *Locos* (Muschelarten) in Dosen, *Ají* (scharfe Pfefferpaste), Papayas und Kastanien in Konserven, Rotwein und Pisco in die ganze Welt.

Gerade die Speisen und Getränke, die man über kurz oder lang außerhalb seines gewohnten Lebensraumes vermisst, machen das Typische eines Landes oder einer Region aus. So hat die chilenische Seeaalsuppe *Caldillo de congrio* zweifellos Verwandte in Spanien und Frankreich, ist die ursprünglich indianische *Cazuela* heute mit der französischen *Pot-au-feu* vergleichbar und weist Einflüsse des spanischen *Cocido* auf. Die von den Chilenen als eines der »Nationalgerichte« empfundenen *Empanadas*, werden mit anderen und ähnlichen Füllungen in ganz Lateinamerika, in arabischen Staaten und in Spanien gegessen.

»Typisch chilenisch« heißt also nicht, dass es sich um ein nur auf dieses Land beschränktes Rezept handelt. Vielmehr sind es Gerichte, die in Chile regelmäßig gegessen werden und deren Zutaten eine gewisse »Nationalität« aufweisen – denen etwa die Erde der Felder, die Sonne und der Wind, die Gemüse und Gewürze ihr ganz eigenes Aroma verleihen. Fische und Meeresfrüchte haben einen ganz besonderen Geschmack, denn »typisch chilenisch« sind auch der Salzgehalt des Meeres, die mineralreichen Bergflüsse und der Humboldt-Strom, der die Temperatur des Meerwassers niedrig und den Gehalt an Plankton hoch hält.

Als vor tausenden von Jahren Jägerstämme aus Nordasien über die gefrorene Beringstraße nach

Alaska gelangten, fanden sie auf ihrem langen Weg bis Feuerland Kartoffeln, Tomaten, Paprika, Pfefferschoten, Bohnen, Kürbis, Kakao und Mais. Seit mehr als 40 000 Jahren gibt es also schon eine »Küchenkultur« auf diesem Kontinent. Die indianischen Ureinwohner des Gebietes, das heute Chile heißt, bereiteten einfache Mahlzeiten auf der Basis von Kartoffeln, Bohnen, Mais, Tomaten, Pfefferschoten, Kürbis und Quinoa zu, für die Fleischbeilage nutzten sie als Haustiere gehaltene Lamas und Alpacas, aber auch wild lebende Vogelarten und Fische. Diese indianische Küche wird gerade erst seit 500 Jahren durch den Kontakt mit der europäischen Welt erweitert: Neue Produkte, wie Schweine-, Rind- und Schaffleisch, Geflügel, Getreide, Gemüsearten und Gewürze, fanden mit den spanischen Eroberern ihren Weg über die Andenkordillere. Die Verschmelzung beider Kulturen brachte jedoch keinen nennenswerten kulinarischen Aufschwung mit sich. Erst zu Beginn des 19. Jahrhunderts wurden von Einwanderern aus Italien und Frankreich in Europa übliche Zubereitungsarten und raffiniertere Präsentationen eingeführt, wozu beispielsweise bis dahin unbekannte süße Nachspeisen gehörten.

Die ursprüngliche chilenische Volksküche ist ländlich-rustikal, gehaltvoll und kräftig im Geschmack, mit deutlichen indianischen Einflüssen. Vor mehr als 3 500 Jahren bereiteten die Mapuche in Südchile Gerichte aus Mais und dem Fleisch wild lebender Tiere zu. Ohne Töpfe und Geschirr garten sie anfänglich ihr Essen in Erdlöchern auf heißen Steinen. Viele dieser Zubereitungsarten haben sich in Bezug auf grundlegende Zutaten bis heute erhalten, und schon die Namen lassen auf ihren indianischen Ursprung schließen. Wie z.B. beim *Charquicán*, einem dicken Eintopf aus Kartoffeln, Gemüse und Fleisch (*charqui* bedeutete ursprünglich getrocknetes Guanakofleisch, heute nutzt man Rindfleisch), der weiter südlich um Puerto Montt mit der Algenart luche zubereitet wird und dementsprechend *Luchicán* heißt.

Die meisten »typisch chilenischen« Speisen sind gehaltvoll, schwer und weder für empfindliche Mägen noch für Diätkuren geeignet. So kommt es, dass in aktuellen Restaurantführern noch heute viel mehr Gaststätten mit internationaler Küche als mit chilenischer zu finden sind.

Doch ein neuer Trend macht sich seit Jahren immer deutlicher bemerkbar: Die steigende Zahl von Touristen und Geschäftsreisenden aus aller Welt, die das Land mit der »verrückten Geographie« besuchen, möchten auch seine authentische Gastronomie kennen lernen.

Bestes Beispiel für das zunehmende Interesse an typisch chilenischen Gerichten, die auf der Grundlage einheimischer Produkte und in Anlehnung an überlieferte Rezepte, jedoch mit aktuellen gastronomischen Techniken zubereitet werden, sind Angebote in Restaurants der Spitzenklasse. Hier

serviert man beispielsweise Lachstatar in Artischockenböden, Avocadocrèmesuppe mit schwarzen Oliven, Lachsfilets mit feinen Kräutern in Chardonnay-Limettenschaum, Lammkoteletts aus Patagonien in Cabernet Sauvignon-Reduktion auf Wildpilzen mit Quinoa und den schon erwähnten *Caldillo de congrio*, die neben vielen anderen Produkten und Gerichten von Pablo Neruda in einer seiner Oden besungen wurde.

Chiles Gastronomie zu erkunden ist wie an einer langen Festtafel Platz zu nehmen: über 4 300 Kilometer, von Arica in der Atacama-Wüste bis nach Punta Arenas in Südpatagonien, reicht das »Menü«, das so unterschiedliche Produkte, Zubereitungen und Geschmacksrichtungen bietet wie die extrem abwechslungsreichen Landschaften und Klimazonen des schmalen Landes zwischen Pazifik und Anden.

Rezepte

Der chilenische Norden

Von der Grenze zu Peru bis La Serena in der IV. Landesregion beherrschen die unterschiedlichsten Brauntöne die Landschaft – Trockenheit und Einsamkeit vereinen sich hier zu einer beeindruckenden Geografie.

Großer Norden: I. und II. Region; Arica, Iquique, Antofagasta

Der Große Norden mit seiner abgeschiedenen Altiplano-Landschaft und der trockensten Wüste der Welt verzaubert mit schneebedeckten Vulkanen in einsamen Wüstenlandschaften, bizarren Fels- und Sandformationen, fauchenden Geysiren, endlosen Salzseen und türkisfarbenen Lagunen, über die rosarote Flamingoschwärme gleiten. Jahrtausende bewegter Geschichte haben ihre Spuren in dieser faszinierenden Landschaft hinterlassen: Ruinen aus der Inkazeit, verlassene Kupferminen und die Geisterstädte aus der Zeit des Salpeterbooms. Trotz der eher lebensfeindlich scheinenden Natur mit extremen Temperaturschwankungen zwischen Tag und Nacht ist die Tierwelt vielfältig, und die typische Gastronomie dieser Zone ist geprägt von den Einflüssen der Aymará- und Chinchorro-Indianer.

Kleiner Norden: III. und IV. Region; Copiapó, La Serena, Coquimbo

La Serena, rund 400 Kilometer nördlich von Santiago an einer weiten Bucht mit feinem Sandstrand gelegen, ist idealer Ausgangspunkt für einen Trip ins Elqui-Tal, eine der ältesten Kulturlandschaften Chiles: Lange vor der Ankunft der Spanier legte hier das Volk der Daguitas bereits erste Bewässerungsgräben an. Steile, ockerfarbene Berghänge ragen heute über sattgrünen Plantagen auf: Papayas und Feigen, Walnüsse, Aprikosen und vor allem Trauben gedeihen hier das ganze Jahr über – an 300 Tagen herrscht purer Sonnenschein. Im Städtchen Vicuña wurde die chilenische Nobelpreisträgerin Gabriela Mistral geboren; der atemberaubende Sternenhimmel in den glasklaren Nächten zieht Astronomen aus aller Welt in seinen Bann, und ganz am Ende des Tals liegen die Pisco-Destillerien. Eine ganz andere Form von Spiritualität findet, wer von Monte Grande aus den Abzweig ins Cochiguaz-Tal wählt. Inmitten der bizarren Hochgebirgslandschaft haben sich mehrere Gemeinden und Sekten niedergelassen, die dem Canyon die Bündelung kosmischer Energien nachsagen.

Geysire El Tatio

Im ersten Morgenlicht steigen dicke Dampfsäulen zum Himmel auf. Nebelschwaden wabern zwischen Wasserfontänen, es zischt und brodelt. Heißer Schlamm blubbert, bildet Blasen, scheint zu kochen. Die Erde zittert.

Geysire sind heiße Springquellen, die ihr Wasser in teils regelmäßigen Abständen springbrunnenartig ausstoßen. Die Temperatur liegt zwischen 85 °C und 100 °C, also nahe am Siedepunkt. Die Geysire entstehen durch Kontakt eines unterirdischen Eisflusses mit vulkanischem Magma. Die beeindruckenden Eruptionen standen bei der Namensgebung Pate: Der »Große Geysir«, der allen Springquellen dieser Art seinen Namen gab, befindet sich auf Island; auf isländisch bedeutet *geyse* soviel wie »wüten«.

Die »Wüteriche« El Tatio sind die höchstgelegenen Geysire der Welt. 4 321 Meter über dem Meeresspiegel konzentrieren sich hier, östlich von Antofagasta inmitten der Atacama-Wüste, 38 aktive Springquellen, neben einer Vielzahl von Schlammvulkanen. Der kochende Schlamm wird häufig über die Ränder gespritzt, und so entstehen vulkanförmige Kegel von bis zu einem Meter Höhe.

El Tatio ist ein »Muss« für jeden Touristen, der den chilenischen Norden bereist. Ein unglaubliches Naturschauspiel in der Nähe von San Pedro de Atacama, das nur an wenigen Orten der Welt zu beobachten ist!

Aceitunas fritas

GEBACKENE OLIVEN

NEUE CHILENISCHE KÜCHE

4 Portionen
100 g Anchovis-Filets
1 fein gehackte Knoblauchzehe
1 Scheibe Weißbrot ohne Rinde
1 EL Zitronensaft
1/2 TL frisch gemahlener Pfeffer
50 entkernte grüne Oliven
70 g Mehl
200 g Semmelbrösel
8 Eiweiß
Öl zum Backen

Im Mixer Anchovis, Knoblauch, Brotscheibe, Zitronensaft und Pfeffer zu einer Paste verarbeiten. In eine Plastiktüte geben, eine kleine Ecke abschneiden und mit der Paste vorsichtig die Oliven füllen. Das Mehl in eine Schüssel geben, die Oliven darin rundum panieren und beiseitestellen. In eine andere Schüssel die Semmelbrösel geben. Jetzt das Eiweiß mit 1 TL kaltem Wasser schaumig schlagen. Die Oliven nach und nach in einem Sieb mehrfach durch die Eiweißmasse ziehen (die Oliven sollen von Eischnee umhüllt sein, am besten gelingt das mit Hilfe eines Siebs), danach mit den Semmelbröseln panieren und auf ein Backblech legen. Etwa 30 Minuten ruhen lassen, damit sich eine feste Kruste bildet. Reichlich Öl in einer Kasserolle erhitzen und die Oliven bei mittlerer Hitze etwa 4 Minuten goldbraun backen. Kurz auf Küchenkrepp legen, um das Fett aufzusaugen, sofort servieren.

Turrón de ostiones

JACOBSMUSCHEL-TURRÓN

NEUE CHILENISCHE KÜCHE

6 Portionen

500 g Jakobsmuscheln, ausgelöst

1 mittelgroße, in feine Streifen geschnittene Zwiebel

1 rote Zwiebel für Zwiebelringe zum Garnieren

2 EL fein gehackter frischer Koriander

60 ml Zitronensaft

1 TL fein gehackte grüne Pfefferschote (ohne Kerne)

1/2 in feine Stücke geschnittene rote Paprikaschote

2 TL gutes Olivenöl

Salz, Pfeffer

Die Jakobsmuscheln vorsichtig in Stückchen schneiden. In einer Schüssel mit allen Zutaten vermischen und würzen. Kurz durchziehen lassen.

Ostiones marinados

MARINIERTE JAKOBSMUSCHELN

NEUE CHILENISCHE KÜCHE

4 Portionen

6 EL Butter

1 fein gehackte Knoblauchzehe

1 EL in feine Streifen geschnittener Porree oder Frühlingszwiebeln (ohne Lauch)

4 EL in feine Streifen geschnittene Möhren

2 EL in feine Streifen geschnittener Stangensellerie

1 Bund Schnittlauch, grob geschnitten

Salz, Pfeffer aus der Mühle

8 frische Jakobsmuscheln (oder aus der Konserve)

4 EL trockener Weißwein

In einem kleinen Topf 2 EL Butter zerlassen. Darin Knoblauch, Porree, Möhre und Sellerie 4 Minuten dünsten, salzen und pfeffern. Vorsichtig mit den Jakobsmuscheln vermischen und durchziehen lassen. Mit der restlichen zerlassenen Butter und dem Weißwein beträufeln. Im Wok oder auf einem Sieb über Wasserdampf etwa 10 Minuten garen und sofort servieren.

Crema de queso cabra en fondos de alcachofas

SCHAFSKÄSE-CRÈME AUF ARTISCHOCKENBÖDEN

NEUE CHILENISCHE KÜCHE

6 Portionen

300 ml Joghurt
200 g Schafskäse
3 TL gehackter Schnittlauch
1 TL Chilipulver
2 Eiweiß
1 TL Kräutermischung (Provençale)
1 Knoblauchzehe
1 TL Zitronensaft
Salz, Pfeffer
Olivenöl
6 feste Tomaten
6 gekochte Artischockenböden

... für das Dressing:
Blätter von 1/2 Bund glatte Petersilie
1 EL Weinessig
4 EL Olivenöl

Den Joghurt kräftig aufschlagen und den Schafskäse durch ein feines Sieb dazu geben. Mit Schnittlauch, der zerdrückten Knoblauchzehe, etwas Salz und Chili mischen und das fest geschlagene Eiweiß unterziehen. Die Mischung 1–2 Stunden kalt stellen. Inzwischen den Backofen auf mittlere bis starke Temperatur vorheizen. Die Tomaten vierteln, auf ein Backblech geben, mit dem Öl bepinseln und mit Pfeffer, Salz und der Kräutermischung würzen. 30 Minuten backen. Auf jedem Teller einen Artischockenboden anrichten, mit reichlich Käsecrème füllen und Tomatenviertel daneben platzieren.
Die Petersilie in kochendem Salzwasser 1 Minute blanchieren. Abgießen und im Mixer mit dem Essig, dem Öl und 2 EL Wasser mixen. Über die Tomaten gießen und servieren.

Ensalada mixta con quinoa

GEMISCHTER SALAT MIT QUINOA

TRADITIONELL

4 Portionen

2 EL Zitronensaft

60 ml feines Olivenöl

2 EL fein gehackter Koriander

1/2 TL Salz

250 g tief gefrorene Maiskörner, gekocht, 1/2 Tasse der Kochflüssigkeit auffangen

100 g Quinoa, in kaltem Wasser gut waschen

1/2 TL gemahlener Kreuzkümmel (Comino)

150 g tief gefrorene (oder frische) weiße Bohnenkerne, gekocht

1 mittelgroße Tomate, geschält, entkernt und klein gewürfelt

1 kleine rote Zwiebel, fein gehackt

8 frische Salatblätter

Zitronensaft, Öl, Koriander und Salz in einer Schüssel vermischen. In einem Topf das aufgefangene Maiskochwasser zum Kochen bringen, Temperatur reduzieren, Quinoa und Kreuzkümmel zugeben. Den Topf bedecken und bei schwacher Hitze kochen, bis die Quinoa die Flüssigkeit aufgenommen hat (etwa 10 Minuten). Aus dem Topf nehmen und abkühlen lassen. Mit Mais und Bohnen, Tomate, Zwiebel und der Koriandermischung gut durchmischen und bis zum Servieren kalt stellen. Auf den Salatblättern anrichten.

Quinoa

Die stark eiweißhaltige Getreideart Quinoa *(chenopodium quinoa wild)* ist seit Tausenden von Jahren ein Grundnahrungsmittel der Hochlandindianer der Anden. Die Inkas verehrten sie als heiliges »Mutterkorn«. Reich an Aminosäuren und Vitaminen E und B, ersetzt Quinoa andere Getreidearten und Reis, die in Höhen über 3 000 Metern nicht gedeihen.

Ensalada apio y palta

AVOCADO-SELLERIE-SALAT

TRADITIONELL

4 Portionen

1 Staudensellerie
10 gehackte Walnüsse
125 g Oliven
3 feste Avocados
3 EL Öl
1 Zitrone
Salz

Den Sellerie waschen, Fäden entfernen und in 1/2 cm breite Scheiben schneiden. In kaltes Wasser legen. Die Avocados schälen und in Stücke schneiden. Den Sellerie abtropfen lassen, mit den Avocados, den Nüssen und Oliven mischen. Öl, Zitronensaft und Salz erst kurz vor dem Servieren untermischen.

Ensalada de arroz con aceitunas y nueces

REIS-SALAT MIT OLIVEN UND NÜSSEN

NEUE CHILENISCHE KÜCHE

4 Portionen

1 große Tasse Reis, bissfest gekocht
12 große schwarze Oliven, entkernt und quer in Streifen geschnitten
12 Walnüsse, entkernt und geviertelt
2 Stangen Frühlingszwiebeln, in schmale Ringe geschnitten
1/2 kleiner Kopfsalat oder 500 g Spinatblättchen

... für das Dressing:
60 ml Olivenöl
2 TL Zitronensaft
1 TL weißer Weinessig
Salz und Pfeffer

Alle Zutaten unter den abgekühlten Reis mischen. Das Dressing bereiten, unterziehen. Kurz durchziehen lassen und kalt servieren.

Camarones del río con salsa de aceitunas

FLUSSKREBSE MIT OLIVENSAUCE

NEUE CHILENISCHE KÜCHE

4 Portionen

3 EL Olivenöl
1 kleine Zwiebel, fein gewürfelt
1 Knoblauchzehe, zerdrückt
3 EL Weißwein
1 Messerspitze Safran
1/2 Bund glatte Petersilie
100 g gehackte grüne Oliven
250 g Flusskrebsfleisch (gekocht und enthäutet); ersatzweise Shrimps
Salz und Pfeffer
Salatblätter zum Garnieren

Das Öl bei mittlerer Hitze in einem Topf erhitzen und die Zwiebel 1 Minute lang darin andünsten. Knoblauch hinzufügen und 2 Minuten weiterdünsten. Erst 2 EL kaltes Wasser, dann den Wein, eine Messerspitze Safran, die Petersilienblätter und die Oliven zugeben. Zum Kochen bringen, die Hitze reduzieren, den Deckel schließen und 5 Minuten köcheln lassen. Topf vom Feuer nehmen und abkühlen lassen, bis die Sauce lauwarm ist. Im Mixer pürieren, damit eine cremige Konsistenz entsteht; falls nötig etwas mehr Wasser hinzufügen.
In einer Schüssel mit dem Krebsfleisch vermischen. Auf Salatblättern anrichten. Dazu passt bissfest gegarter Reis.

Cazuela de carne con quinoa

FLEISCH-QUINOA-EINTOPF

TRADITIONELLES GERICHT DER ATACAMA-INDIANER

2 Portionen

6 EL Quinoa
1/2 kg Kochfleisch vom Rind (original: Lamafleisch)
1 kleine Stange Staudensellerie
1 mittelgroße Zwiebel
4 Kartoffeln
2 Möhren
1 dicke Scheibe gelber Kürbis
Salz und Pfeffer
frische glatte Petersilie nach Geschmack, fein gehackt

Das Fleisch in 6 Stücke zerteilen und mit der Selleriestange in Salzwasser 30 Minuten kochen. Sellerie entfernen, das in Würfel geschnittene Gemüse und die Quinoa einrühren. Bei schwacher Hitze nochmals etwa 15 Minuten kochen lassen. Die Kräuter einstreuen und heiß in Keramikschüsseln servieren.

Albacora frita Iquiqueña

GEBRATENER SCHWERTFISCH

NEUE CHILENISCHE KÜCHE

6 Portionen

6 Portionen Schwertfischfilet, etwa 200 g pro Portion
2 TL Curcuma
3 zerdrückte Knoblauchzehen
2 EL Rotweinessig
6 EL Öl
Salz und Pfeffer

Knoblauch mit Curcuma und Essig gut vermischen. Die Fischfilets salzen, pfeffern und von beiden Seiten mit der Mischung bestreichen. Mindestens 2 Stunden ziehen lassen. In heißem Öl kurz von beiden Seiten anbraten und sofort mit der austretenden Flüssigkeit auf einer Gemüsemischung anrichten.

Guiso de alfalfa

ALFALFA-EINTOPF

TRADITIONELL

4 Portionen

600 g Alfalfa (Luzerne)
3 Möhren
1 Zwiebel
4 Kartoffeln
1 große Tasse Reis
1 Knoblauchzehe
Oregano, Koriander, Salz
Öl zum Braten

Die Alfalfa gut waschen und trockenschütteln. Zwiebel, Knoblauch, Kartoffeln und Möhren würfeln und in heißem Öl anschwitzen. 1/2 l Wasser zugeben und 5 Minuten kochen. Jetzt die grob geschnittene Alfalfa und den Reis zufügen, alles mit heißem Wasser bedecken und 30 Minuten kochen.

Alfalfa

Alfalfa ist die amerikanische Bezeichnung für Luzerne. Alfalfa-Sprossen ergänzen zu jeder Jahreszeit die leichte Küche. Sie haben einen mild-herben, leicht nussigen Geschmack. *Alfalfa* stammt aus dem Arabischen und bedeutet soviel wie »gute Nahrung«. Die feurigen Araberhengste profitierten von der gebündelten Kraft der Luzerne. Das zarte Alfalfa-Grün ist heute ein Liebling der westlichen Sprossenküche.

Róbalo sobre sal de mar

ROBALO AUF MEERSALZ

NEUE CHILENISCHE KÜCHE

2 Portionen

1 Robalo (Seebarsch) im Ganzen (ersatzweise Zander), entschuppt und ausgenommen

120 g Meersalz

frisch gemahlener Pfeffer

1 Handvoll getrocknete Kräutermischung (Provençale)

4 Lorbeerblätter

4 Zitronenscheiben

120 ml extrafeines Olivenöl

Den Backofen auf 200 °C vorheizen. Den Fisch gut waschen und mit Küchenkrepp abtrocknen. Außen und innen mit reichlich Pfeffer und Meersalz einreiben. Die Kräuter im Inneren des Fisches verteilen. Das Meersalz auf ein Backblech geben, den Fisch darauf legen. Auf einer Seite den Fisch 4 Mal bis zur Hauptgräte einschneiden und in jede Schnittöffnung ein Lorbeerblatt und eine Zitronenscheibe stecken. Mit reichlich Olivenöl übergießen und 25 bis 30 Minuten backen, bis die Haut knusprig ist. Auf einer Platte mit dem Meersalz anrichten und heiß servieren.

Pollo a la papaya

HUHN MIT PAPAYA

TRADITIONELL

6 Portionen

1,5 kg Huhn (Bruststücke und Keulen)
100 g Mehl
2 TL Currypulver
Salz und Pfeffer
Öl
Butter
1 TL Maizena (Markenname für Speisestärke aus Maismehl)
600 ml Papaya-Nektar
200 g Papaya aus dem Glas, fein geschnitten
2 TL brauner Zucker
3 TL Zitronensaft

Den Backofen auf 180 °C vorwärmen. In einer Schüssel Mehl, Curry, Salz und Pfeffer mischen und die Hühnerstücke damit panieren. In einer Pfanne das Öl erhitzen und bei starker Hitze die Hühnerstücke darin anbraten. Nun das Fleisch in einer ofenfesten Form verteilen, Bratensaft und Butter hinzufügen und im Backofen 40 Minuten garen. Inzwischen Maizena in etwas Papaya-Nektar gut verrühren. Den restlichen Nektar in einen Topf geben, Früchte und Zucker dazu geben und auf kleiner Flamme erhitzen, dabei ab und an umrühren. Maizena unterrühren. Wenn das Ganze dicklich wird, den Zitronensaft dazu gießen.
Das Fleisch in einer großen Schüssel anrichten. Fett vom Bratensaft abschöpfen und diesen mit der Papaya-Sauce vermischen. Über das Fleisch gießen und heiß servieren – dazu passt körniger Reis.

Papaya

Seit Jahrhunderten wird die Papaya (»Baummelone«) von den Indianern Mittel- und Südamerikas hoch geschätzt. Und das nicht nur wegen ihres saftigen, im Geschmack an Melone und Aprikose erinnernden Fruchtfleisches. Auch die Rinde der unreifen Früchte sowie die Samen und die Blätter werden als Naturheilmittel gegen Verdauungsstörungen, Bluthochdruck und andere Leiden genutzt. Wegen ihres hohen Gehaltes an Papain wirkt die Papaya verdauungsfördernd und ist deshalb bestens für Schlankheitskuren (100 Gramm enthalten lediglich 13 Kalorien, jedoch reichlich Vitamine) und Fitnessdiäten geeignet. Das eiweißspaltende Enzym Papain kann dazu benutzt werden, um weniger zarte Fleischstücke mürbe zu machen – man reibt sie einfach mit etwas zerdrücktem Fruchtfleisch ein. Einen besonders hohen Papain-Gehalt und einen intensiven süß-aromatischen Geschmack hat die Berg-Papaya *(Carica pubescens)*, die in den kühleren Gebirgszonen von Panama über Peru bis nach Chile wächst. Die nur faustgroßen Früchte werden meist gekocht und in süßen Sirup eingelegt oder zu Saft verarbeitet. Der zarte Geschmack der Papayas kommt besonders gut zur Geltung, wenn das Fleisch mit etwas Zitrone beträufelt wird. Die eingelegten Früchte schmecken hervorragend in verschiedensten Desserts wie z. B. in Obstsalaten, Joghurt-Frucht-Zubereitungen oder Quarkspeisen, aber auch mit etwas Weinbrand oder Rum abgespritzt und einer Kugel Sahneeis als Beilage. Ein Geflügelsalat, mit Curry-Mayonnaise und Zitronensaft zubereitet, erhält durch klein geschnittene Papaya eine ganz besondere, exotische Note.

Pescado relleno

GEFÜLLTE FISCHFILETS

NEUE CHILENISCHE KÜCHE

4 Portionen

1 EL Öl

1 fein gehackte Porreestange

1 EL fein gehackter Ingwer

120 g fein gehackte Champignons

120 g gekochte Maiskörner

2 Möhren, in Würfel geschnitten

2 EL frischer, fein gehackter Dill

4 Fischfilets, jedes etwa 180 g (Lachs oder anderer Fisch mit festem Fleisch)

4 Scheiben Käse (z.B. Edamer)

In einem Wok oder einer Pfanne Porree, Möhren und Ingwer 3 Minuten anschwitzen, Champignons, Mais und Dill zugeben und etwa 5 Minuten garen, bis die Pilze weich sind. In eine Schüssel geben, salzen und abkühlen lassen. Die Fischfilets seitlich vorsichtig einschneiden. In die Öffnung die Käsescheiben und die Gemüsemasse füllen und mit Rouladennadeln oder Holzspießchen schließen. Die Filets nun in einen Dampfgaraufsatz (aus Metall oder Bambus) legen, dessen Boden zuvor mit Butterbrotpapier auslegen. Zudecken. Den Wok (oder einen geeigneten breiten Topf) bis zur Hälfte mit Wasser füllen und den Fisch 10 Minuten über Wasserdampf garen. Garprobe: Das Fleisch soll sich leicht mit einer Gabel zerteilen lassen.

Chirimoyas con huevo mol

CHIRIMOYAS IN EIERSCHAUM

TRADITIONELL

6 Portionen

- 1 kg Chirimoyas
- 6 Eier
- 6 EL Puderzucker
- 6 EL Zucker
- Kokosflocken

Die Eier trennen, das Eigelb mit dem Puderzucker mischen und im heißen Wasserbad dick einkochen. Aus dem Zucker mit etwas Wasser einen dicken Sirup bereiten und mit dem Eiweiß nach und nach zu festem Eischnee schlagen. Die Chirimoyas schälen, die Kerne entfernen und das Fruchtfleisch in kleine Würfel schneiden. Abwechselnd mit der Eigelbmasse in ein Kompottschälchen schichten. Eischnee zum Schluss als Haube aufsetzen und mit Kokosflocken bestreuen. Kalt servieren.

Chirimoyas alegres

CHIRIMOYAS IN ORANGENSAFT

TRADITIONELL

6 Portionen

- 1 kg frische, reife Chirimoyas
- 1/2 kg süße, saftige Orangen
- 50 g Puderzucker

Die Chirimoyas schälen und in dicke Stücke schneiden. Kerne entfernen. Die Orangen auspressen und den Saft durch ein Sieb geben. Eventuell mit Puderzucker etwas nachsüßen. Die Chirimoya auf tiefe Teller verteilen, mit Puderzucker bestreuen und kaltstellen. Kurz vor dem Servieren mit dem Orangensaft übergießen.

Chirimoya

Über den genauen Ursprung dieser köstlichen Frucht herrschen noch immer Zweifel – dass der Zucker- oder Rahmapfel aus Amerika stammt, ist jedoch mittlerweile eindeutig nachgewiesen. Die auch als »Königin der Früchte der Neuen Welt« bezeichnete Chirimoya soll aus den Andentälern zwischen Peru und Ecuador von den Spaniern in andere Teile des Kontinents gebracht worden sein, vor allem nach Mexiko.

Nach Chile gelangten die ersten Bäumchen per Schiff, als Geschenk eines spanischen Kapitäns für den Marquis de la Pica, Santiago Irarrázaval, nach Quillota. Ein wahrlich fürstliches Präsent: Im Jahr 1812 kostete eine Chirimoya zwölf Pesos, so viel wie ein Ochsengespann.

Das nach Erdbeere, Himbeere und Birne zugleich schmeckende weiße Fruchtfleisch ist zart und saftig. In Chile wird die Chirimoya als Obstsalat, allein oder mit anderen Früchten gemischt, gegessen. Sehr beliebt – vor allem an heißen Sommertagen – ist die *Chirimoya alegre* (fröhliche Chirimoya), bei der das klein geschnittene Fleisch mit frisch gepresstem Orangensaft übergossen wird.

Der Zuckerapfel wird heute vor allem in Peru, Ecuador, Kolumbien, Venezuela, Argentinien und Spanien angebaut. Die größten Pflanzungen Südamerikas befinden sich jedoch im Norden Chiles. Für das gute Gedeihen der Früchte sind subtropisches Klima und leichte, steinige Böden notwendig; viel Vorsicht ist bei niedrigen Nachttemperaturen geboten. Neben dem nationalen Markt beliefern die chilenischen Produzenten Abnehmer in den USA, in asiatischen Ländern und teilweise auch in Europa.

Crema de Pisco Sour

PISCO-SOUR-CRÈME

NEUE CHILENISCHE KÜCHE

8 Portionen

10 große Eigelbe

250 g Zucker

3/4 Glas vorbereiteten Pisco Sour (ohne Zucker, s. S. 200)

100 g weiche Butter, in Stückchen zerkleinert

1 TL geröstete Limettenschale

250 ml Sahne (light cream), sehr kalt

Orangenscheiben und Mandeln zum Garnieren

Eigelb mit Zucker in einem kleinen Topf schlagen, bis eine cremige Masse entsteht. Weiterrühren und Pisco Sour und Butter hinzufügen. Auf kleiner Flamme 5–7 Minuten erhitzen, es sollte nicht kochen. Die Mischung durch ein Sieb in eine kleine Schüssel streichen. Limonenschale hinzufügen. Umrühren, mit Folie abdecken und mindestens 4 Stunden, am besten aber über Nacht, in den Kühlschrank stellen.

In einer Rührschüssel Sahne steif schlagen. Zunächst 1/4 der Sahne vorsichtig in die Pisco-Eier-Mischung rühren, dann den Rest untermischen. In Kompottschalen füllen und mit Orangenscheiben und Mandeln verzieren. Gut gekühlt servieren.

Postre de queso de cabra e higos

KÄSEKUCHEN MIT FRISCHEN FEIGEN

NEUE CHILENISCHE KÜCHE

8 Portionen

... für den Kuchen:
120 g frischer Ziegenkäse, Zimmertemperatur
240 g Frischkäse, Zimmertemperatur
60 ml Schlagsahne, flüssig
1 EL Zitronensaft
abgeriebene Schale von 1 Zitrone
1 TL Vanilleextrakt
4 Eier
150 g Zucker
2 EL Mehl

... für die Feigen:
200 g Zucker
3 EL brauner Rum
1 Vanillestange, längs aufgeschnitten
1 Stück Zimtrinde
1 Stück Zitronenschale
500 g frische Feigen oder 240 g getrocknete Feigen
100 g geschälte, geröstete und feingehackte Haselnüsse

Den Backofen auf 180 °C vorheizen. Die Seiten einer Springform (20 cm Durchmesser) buttern, den Boden mit Backpapier auslegen.
Ziegen- und Frischkäse mit dem Mixer aufschlagen. Unter weiterem Mixen Sahne, Zitronensaft und geriebene Zitronenschale sowie Vanilleextrakt zugeben, bis die Masse cremig wird. In einer anderen Schüssel die Eier mixen und den Zucker langsam zufügen, bis die Masse hell und schaumig ist. Jetzt unter weiterem Rühren das Mehl und die Käsemischung zugeben. Die Masse in die

Form geben. Die Form in ein heißes Wasserbad stellen und etwa 45 Minuten im Backofen garen, bis die Oberfläche leicht goldbraun ist. Abkühlen lassen und mindestens 3 Stunden mit Zellophan bedeckt in den Kühlschrank stellen.
Inzwischen die Feigen zubereiten: In einem Topf 1/4 l Wasser mit dem Zucker aufkochen und bei schwacher Hitze etwa 5 Minuten einkochen lassen. Rum, Vanille, Zimt und Zitronenschale zugeben und weitere 5 Minuten kochen. Die Feigen halbieren und dazugeben. Bei geöffnetem Topf ziehen lassen, bis die Feigen weich sind (etwa 20 bis 30 Minuten). Abkühlen lassen.
Den Kuchen aus der Form nehmen, Oberfläche und Seiten mit den Nüssen dekorieren. Die einzelnen Tortenstücke auf Kuchentellern mit den Feigen und etwas Sirup servieren.

Sopaipillas nortinas

FRITTIERTES GEBÄCK

TRADITIONELL

15 bis 20 Portionen
1 kg Mehl
250 g Schweineschmalz, zerlassen
1/8 l Wasser
1 TL Salz
Öl zum Frittieren

In einer großen Schüssel Mehl, Fett und Salz mischen, das lauwarme Wasser zugeben und 10 Minuten lang gut verkneten. 15 Minuten ruhen lassen. Mit den Händen runde, dünne Teigflecken (etwa 6 cm Durchmesser) formen. In reichlich heißem Öl frittieren und heiß servieren – als Nachtisch mit Marmelade oder Puderzucker. Die *Sopaipillas* werden auch als Vorspeisen oder an Stelle von Brot gegessen – in diesem Fall mit Butter, Pebre (s. S. 197) oder Tomatensauce, ganz nach Geschmack. Rezept *Sopaipillas* mit Kürbis s. S.192.

Viejo Regalón

»ALTER GENIEẞER«: CRÈPES MIT FRISCHEN FEIGEN, WALNÜSSEN, COGNAC & SAHNE, VON ISABEL ALLENDE

NEUE CHILENISCHE KÜCHE

6 Portionen

1 Ei
200 ml Milch
1 gehäufter EL Mehl
1/2 EL Zucker
1 Messerspitze Salz
1 Schuss Wodka, Pisco, Rum oder anderer Alkohol

Alle Zutaten mixen, bis ein glatter Teig entstanden ist. Zugedeckt 30 Minuten ruhen lassen. Eine Pfanne erhitzen und mit ein bisschen Butter oder Öl auspinseln. Einen großen Löffel Teig hinein geben und die Pfanne schwenken, damit er sich verteilt. Nach ca. 1 Minute wenden, wenn der Crèpe sich ablöst, und die andere Seite fertig backen.

6 Crèpes
500 g frische geschälte Feigen
4 EL Puderzucker
4 EL gemahlene Walnüsse
2 TL Cognac
1 Messerspitze Muskatnuss
6 EL Creme Chantilly oder geschlagene Sahne

Die Feigen mit einer Gabel zerdrücken und mit dem Zucker, den Nüssen, dem Cognac und der Muskatnuss vermischen.
Mit dieser Masse die Crèpes füllen und zu quadratischen Taschen falten. Kurz erhitzen, am einfachsten geht dies in der Mikrowelle.

Crema Chantilly

Der Franzose Charles-Frederic Vatel (1631–1671), meist François Vatel genannt, war Haushofmeister und Koch des Prinzen von Condé auf Schloss Chantilly und einer der bedeutendsten Küchenmeister seiner Zeit. Ihm wird die »Erfindung« der Creme Chantilly zugeschrieben, einer geschlagenen Dessertcreme aus Crème fraîche, Zucker und Vanilleschote. Die Legende sagt, für das große Festmahl 1671 in Chantilly sei die Sahne, die zu Dessert verarbeitet werden sollte, sauer geworden und Vatel habe daraufhin diese mit Zucker und Aromen zu einer neuen Kreation kombiniert. In Chile wird normale Schlagsahne als *Crema Chantilly* bezeichnet.

Die chilenische Zentralzone

Sommerfrische an Pazifikstränden, Weinberge vor schneebedeckten Andengipfeln, pulsierendes Großstadtleben in der 6-Millionen-Metropole Santiago oder romantischer Flair in der Hafenstadt Valparaiso: Die Zentralzone Chiles bietet Trekking-, Reit- oder Badeurlaub, Skispaß im Juli und ausgiebige Weinreisen (s. S. 26).

V., VI. und VII. Region und Einzugsgebiet der Hauptstadt Santiago (Region Metropolitana)

Knarrend und quietschend setzt sich der Wagen der Standseilbahn in Bewegung. Die Fahrgäste knien auf den hölzernen Bänken, Fotoapparate und Videokameras werden gezückt. Während der »Ascensor Artillería« – seit 1893 in Betrieb – auf der 30 Grad steilen, 175 Meter langen Strecke einen Höhenunterschied von 80 Metern überwindet, präsentiert sich eine eindrucksvolle Aussicht auf die Stadt Valparaíso, den Hafen, winklige Gässchen und schmale, steil ansteigende Treppenaufgänge. An den Steilhängen stehen, bunt durcheinander, Häuschen und Häuser mit verwitterten Fassaden und vielfältigen Farbanstrichen, manche auf Holzpfosten, dem Abgrund geradezu schwindelerregend nahe.

Valparaíso und Viña del Mar bilden eines der wichtigsten Tourismuszentren des Landes. In der »Gartenstadt« Viña del Mar verbinden sich das Gestern und das Heute. Eine Rundfahrt in einer der historischen Pferdekutschen lässt den Kontrast zwischen historischen Gebäuden und der modernen Architektur des mondänen Seebades deutlich werden. Das nur 15 Minuten entfernte Valparaíso ist die größte Hafenstadt Chiles und wurde von der UNESCO zum Weltkulturerbe erklärt. Terrassenförmig klettern die Häuser an den Hängen der 45 Hügel hinauf, die die Bucht wie ein Amphitheater einrahmen und jedem Grundstück einen Logenplatz garantieren.

Santiago ist sowohl Boomtown als auch historische Hauptstadt. Die 6-Millionen-Metropole, 1541 vom Spanier Pedro de Valdivia gegründet, liegt auf halbem Weg zwischen Anden und Ozean, nur eine Autostunde entfernt von herrlichen Wander- und Skigebieten oder Badestränden. Die Stadt bietet eine große Vielfalt an Sehenswürdigkeiten – von Museen und Ausstellungen, Konzerten und Theateraufführungen bis zu ausgedehnten Parks, Antiquitätenmärkten und reich bestückten Malls. Ob Sie das Nachtleben im pittoresken Künstlerviertel Bellavista oder eines der eleganten Restaurants in Las Condes bevorzugen, enttäuscht werden Sie sicher nicht. Das Umland bietet vielfältige Gelegenheiten, Weingüter mit jahrhundertealter Tradition kennen zu lernen.

Vega und Mercado Central – die »anderen« Einkaufsmärkte

Juan Araya liebt seine Arbeit. Um seine Ware feilzubieten, nimmt der 80-Jährige Obsthändler gerne in Kauf, um 5 Uhr aufzustehen. Seit 30 Jahren kommt er jeden Morgen – auch sonntags! – in die Avenida Antonia López de Bello und verkauft frische Früchte an seinem mobilen Stand. Wer das Volkstümliche liebt, für den wird ein Bummel über die »Vega« zu einem unvergesslichen Erlebnis. Von knackigen Tomaten und naturgereiften Erdbeeren über geräucherte Mettwürste und halbe Schweineköpfe bis hin zu ausgetretenen Schuhen und überlagerten Batterien gibt es auf Santiagos traditionellem Lebensmittelmarkt inzwischen nichts mehr, was es nicht gibt. Jedoch findet der Besucher hier – anders als in den Supermärkten der chilenischen Metropole – außer niedrigen Preisen bei guter Qualität auch eine ungewohnte Atmosphäre aus Quirligkeit, Gemütlichkeit und Lebensfreude. Händler preisen lauthals ihre Ware an und führen daneben gern persönliche Gespräche mit ihren Kunden. Muskulöse Männer schleppen schwere Stiegen mit Avocados aus Quillota, Maiskolben aus Pirque und Feigen aus Arica von den Lastwagen zu den Verkaufsständen. In kleinen Esslokalen gibt es Bohnensuppe in tiefen Tellern, Spaghetti mit beeindruckenden Bratenstücken obendrauf oder gekochte Schweinshaxe. Dampf steigt aus riesigen Suppenkesseln und rundliche Köchinnen in weißen Kitteln schreien ihr Angebot in die Menge. La Vega – das ist ein etwa vier Hektar großer Bezirk im Stadtteil Recoleta, gut sechs Häuserblocks vom Hauptplatz Plaza de Armas im Herzen Santiagos entfernt und durch den Mapocho-Fluss vom Zentrum abgeschnitten. Auf der anderen Flussseite liegt der nicht weniger sehenswerte Zentralmarkt – *Mercado Central* – wo vor allem das umfangreiche Sortiment an Meeresgetier aller Farben und Formen die Aufmerksamkeit der Kunden auf sich zieht. Romero Toro öffnet geschickt und mit verblüffender Geschwindigkeit die stacheligen Schalen von Seeigeln. Ihre orangefarbenen, porösen Zungen sind stark jodhaltig und für »ungeübte« Frischmuschelesser wegen ihres starken Aromas vielleicht nicht gleich zu empfehlen. Mariniert mit viel Zitronensaft, fein gehackter Zwiebel, Koriander und Pfefferschote und abgerundet mit einem Schuss Portwein gilt frischer Seeigel in Chile als Delikatesse. Der Zentralmarkt ist nicht nur beliebtes Einkaufszentrum für Großhändler, Restaurantbesitzer und Hausfrauen, sondern auch ein »Muss« für Touristen und Nachtschwärmer, die hier frühmorgens ein »Katerfrühstück« zu sich nehmen können – etwa am Neujahrsmorgen eine hervorragende Möglichkeit!

Cebiche de camarones

MARINIERTE SHRIMPS

NEUE CHILENISCHE KÜCHE

6 Portionen

1 l Wasser
375 ml Orangensaft
6 EL Ketchup
1 rote Zwiebel, halbiert
1 geschälte Möhre, halbiert
2 Stangen Staudensellerie
1 mittelgroße rote Zwiebel, in Spalten geschnitten
2 Zitronen
2 TL gehackte Korianderblätter
1 EL Öl

Die Zwiebelspalten mit dem Saft der Zitronen und dem Salz mischen und ziehen lassen.

In einem Topf mit Wasser die halbierte Zwiebel, die Möhre und den Sellerie aufkochen lassen bis letzterer weich ist. Nun die Shrimps und etwas Salz hinzufügen und 3 Minuten blanchieren. Den Topf vom Feuer nehmen und die Shrimps in kaltem Wasser abspülen. In einer Schüssel Orangensaft und Ketchup vermischen, dann die Shrimps, die Zwiebelspalten mit dem Zitronensaft, das Öl und den Koriander hinzugeben und gut mischen. Im Kühlschrank mindestens 1 Stunde ziehen lassen.

Cebiche de champiñones

MARINIERTE CHAMPIGNONS

TRADITIONELL

2 Portionen

300 g frische weiße Champignons

1 Zitrone

1 Prise Zucker

1 rote Chilischote ohne Kerne, fein gehackt

glatte Petersilie, fein gehackt

1 Knoblauchzehe, fein gehackt

Pfeffer, frisch gemahlen

2 EL Öl

100 ml Sahne, Salz

Die Pilze putzen, in dünne Scheiben schneiden und auf eine Platte legen. Salz, Pfeffer, Zucker, Zitronensaft, Sahne, Öl und Knoblauch zu einem Dressing vermischen. Über die Champignons gießen und mit glatter Petersilie und Chili bestreuen. Mindestens 2 Stunden im Kühlschrank ziehen lassen.

Crema de palta fría

KALTE AVOCADOCRÈMESUPPE

NEUE CHILENISCHE KÜCHE

4 Portionen

4 Avocados, geschält, entkernt und püriert

720 ml Hühnerbrühe

125 ml Milch

1/2 fein gehackte Zwiebel

1/2 TL Pfeffersauce (Tabasco)

Salz und Pfeffer

saure Sahne oder Sahnequark, Cocktailtomaten, Walnüsse und Rosinen zum Dekorieren.

Alle Zutaten für die Suppe gut mixen. Salzen, pfeffern und bedeckt mindestens 1 Stunde kalt stellen. Kurz vor dem Servieren mit einem Schuss saurer Sahne oder einem Löffel Quark, halbierten Cocktailtomaten und einigen halbierten Walnüssen und Rosinen dekorieren. Nicht verrühren!

Crema de papas y apio

KALTE KARTOFFEL-SELLERIE-SUPPE

NEUE CHILENISCHE KÜCHE

6 Portionen

500 g Kartoffeln, geschält und gewürfelt

1 kg Stangensellerie, geschält und in Scheiben geschnitten

Olivenöl

1 l Gemüsebrühe

Sahne (nach Geschmack)

Salz und Pfeffer

In einem Topf Kartoffeln und Sellerie 3 Minuten in etwas Öl anbraten. Die Brühe zugeben, zum Kochen bringen und 30 Minuten garen. Dann im Mixbecher zu einer Crème verarbeiten, die Sahne zufügen und abschmecken. Kalt servieren.

Gambas al pil-pil

GARNELEN IN KNOBLAUCH-PFEFFER-ÖL

TRADITIONELL

6 Portionen

750 g Garnelen (auch Shrimps sind geeignet)

1/8 l Olivenöl

1/8 l Pflanzenöl

12 Knoblauchzehen

1 rote, getrocknete Pfefferschote

1/2 TL Salz

Die Garnelen schälen, die Schwänze abtrennen, gut waschen, in eine Schüssel geben und mit dem Salz verrühren. In einer großen Pfanne das Öl stark erhitzen, die Pfefferschote mit der Schere in etwa 6 Ringe schneiden und zugeben. Eine Minute später die geschälten Knoblauchzehen zufügen und schön goldbraun werden lassen. Die Garnelenschwänze dazu geben und bei starker Hitze weiter braten, dabei ab und an umrühren, damit alle Zutaten gleichmäßig garen. Nach 5 Minuten mit dem Öl in vorgewärmte Portionsschälchen geben und sofort sehr heiß servieren.

Salpicón de vacuno

FLEISCH-GEMÜSE-SALAT

TRADITIONELL

6 Portionen

600 g gekochtes oder gebratenes Rindfleisch (Reste); auch Geflügel- oder Schweinefleisch oder gewürfelter Kochschinken/Mortadella sind geeignet

2 gekochte, gewürfelte Kartoffeln

2 Salatköpfe

1 Zwiebel

4 hart gekochte Eier

15 mittelgroße Oliven

1 grüne Pfefferschote

6 Radieschen

3 Dillgurken

... für das Dressing:

3 EL Öl

1 EL Essig

1 Eigelb, hartgekocht

1 TL Senf

Salz und Pfeffer

Den Salat schneiden und waschen, Zwiebel, Pfefferschote, Gurke und Radieschen würfeln, die Eier in grobe Scheiben teilen. Mit dem Fleisch und den Kartoffeln vermischen. Erst kurz vor dem Servieren die Sauce zufügen: dafür Essig, Öl, das zerdrückte Eigelb, Senf, Salz und Pfeffer verrühren.

Palta Reina

KÖNIGS-AVOCADO
TRADITIONELL

6 Portionen

3 reife, große Avocados
1 Hühnerbrust
150 ml Mayonnaise (möglichst hausgemacht)
1/2 TL Senf
1 Paprikaschote
8 schwarze Oliven
2 gekochte Eier
Kopfsalat

Die Avocados schälen, längs teilen und den Kern vorsichtig entfernen. Die Hühnerbrust (ohne Haut) 20 Minuten in Salzwasser kochen, fein schneiden, salzen und pfeffern und mit der Mayonnaise und dem Senf vermischen. Die Advocado-Hälften auf einem Teller auf Salatblättern anrichten, mit der Mischung füllen und mit Mayonnaise, je einer Scheibe gekochtem Ei, Paprikastreifen und halbierten Oliven dekorieren.

Rezept Mayonnaise

2 Eigelbe in einer kleinen Schüssel mit einem Schneebesen mit gleichmäßigen, langsamen Bewegungen aufschlagen. Immer weiter schlagen; mit der anderen Hand aus einem Kännchen tropfenweise Öl zugeben – am besten schmeckt die Mayonnaise, wenn Sie Kräuteröl (s. u.) verwenden. Schlagen Sie solange rhythmisch weiter, bis das Eigelb zu Mayonnaise geworden ist.

Kräuteröl

Dieses kann ganz leicht zu Hause hergestellt werden, indem man Sonnenblumenöl in ein verschließbares Glas (1 l) gibt, dazu 4 geschälte, ganze Knoblauchzehen, drei Lorbeerblätter und ein Stück getrocknete rote Chilischote. Verschließen und mindestens 4 Tage ziehen lassen. Hält sich wochenlang und eignet sich auch bestens für Salate und zum Braten von Fleisch.

Locos al jerez

ABALONES MIT SHERRY-SAUCE
NEUE CHILENISCHE KÜCHE

4 Portionen
6 EL Butter
4 große oder 6 kleine Locos (ersatzweise Abalones aus der Konserve, s. auch S. 95)
je 1 EL fein geschnittene grüne und rote Paprikaschote
1 EL fein geschnittene Frühlingszwiebel
2 EL Olivenöl
2 EL Sherry
Salz und Pfeffer, nach Geschmack
Salatblätter zum Anrichten

Die Abalones in dünne Scheiben schneiden und auf den Salatblättern anrichten. Aus den anderen Zutaten eine Salatsauce bereiten, über die Muschelscheiben gießen und vor dem Servieren 10 Minuten im Kühlschrank durchziehen lassen.

Locos – Abalones

Abalones sind gigantische Seeschnecken, die sich in einer Wassertiefe von bis zu fünf Metern an Felsen festsaugen. Vor allem in Asien gilt ihr schmackhaftes, festes, helles Fleisch als Delikatesse – das treibt den Preis in die Höhe und gefährdet mittlerweile die Existenz dieser Spezies. Deshalb wird ihr Fang weltweit kontrolliert. In Konsistenz und Geschmack sind die Abalones mit den an der chilenischen Pazifikküste verbreiteten Locos *(Concholepas concholepas)* vergleichbar.

Locos con salsa verde

ABALONES MIT GRÜNER SAUCE

TRADITIONELL

6 Portionen

6 große oder 12 kleine Locos (ersatzweise Abalones aus der Konserve)

1 Bund frischer, fein gehackter Koriander

1 große, sehr fein gewürfelte Zwiebel

2 EL Olivenöl

1 TL Chilisauce

Salz nach Geschmack

Die Abalones gut abtropfen lassen. Die anderen Zutaten gut vermischen und neben den ganzen Abalones servieren. Mayonnaise dazustellen.

Pichanga

DEFTIGER SALAT
TRADITIONELL

4 Portionen

100 g Sülzwurst
100 g Mortadella
100 g Schnittkäse (z.B. Gouda)
50 g Schafs- oder Ziegenkäse
100 g Oliven
100 g Essiggemüse (Gurke, Blumenkohl, Möhre, eingelegt)
2 TL gemahlener Pfeffer
1 EL Essig (vom Gemüse)
1 EL Öl

Käse und Wurst in mittelgroße Würfel schneiden (Olivengröße). Öl, Essig und Pfeffer gut verrühren. Alle Zutaten mit dem Essiggemüse vermischen und kurz durchziehen lassen.

Crema de choclo

MAISCRÈMESUPPE
NEUE CHILENISCHE KÜCHE

4 Portionen
4–6 große frische Maiskolben
1 kleine Dose Maiskörner
Würfel von 5 Schalotten
Butterfett
250 ml Sahne
3–4 kleine Babymaiskolben
3/4 l Hühnerbrühe
Salz, Muskat
Crème fraîche

Die Maiskolben schälen und im Ganzen in einer Grillpfanne ohne Fett leicht goldbraun rösten.
Danach werden die Körner vom Kolben abgeschnitten und zusammen mit dem abgetropften Dosenmais und den Schalottenwürfeln in Butterfett leicht angeschwitzt. Mit der Hühnerbrühe ablöschen und alles gut durchkochen, bis der Mais weich ist. Dann mit einem Pürierstab pürieren und durch ein Passiersieb streichen. Aufkochen, mit Sahne auffüllen und mit Salz und Muskat abschmecken. Die Babymaiskolben nur kurz im gesalzenem Wasser blanchieren, in mundgerechte Stücke schneiden und kurz in Butter anschwitzen. Diese werden in Suppentellern angerichtet und mit der Maiscrèmesuppe übergossen. Zum Verfeinern noch 1–2 kleine Löffel Crème fraîche darübergeben.
Dieses Rezept (chilenischen Originalen nachempfunden) ist von Mike Prenzlow, Sous Chef im Radisson SAS Berlin.

Ensalada de radicchio con queso de cabra

RADICCHIO-SALAT MIT FRITTIERTEN SCHAFS- ODER ZIEGENKÄSEWÜRFELN

NEUE CHILENISCHE KÜCHE

4 Portionen
2 Radicchio-Köpfe
6 Scheiben gewürfelter Speck
6 Scheiben Weißbrot ohne Rinde
90 g zerlassene Butter

... für die Käsewürfel:
250 g Schafs- oder Ziegenkäse
Mehl
2 Eier, mit 1 EL Milch verquirlt
100 g Semmelbrösel
Öl zum Backen

... für die Vinaigrette:
80 ml Olivenöl
2 EL weißer Essig
1/2 TL Zucker
1/2 TL körniger Senf
1 EL gehackter Schnittlauch

Den Speck knusprig braten und auf Küchenpapier legen. Das Brot mit der zerlassenen Butter einpinseln, in Würfel schneiden und im Backofen 10 Minuten backen. Den Käse in Würfel schneiden, im Mehl wenden, durch die Eiermasse und die Semmelbrösel ziehen. Auf eine Platte geben, mit Folie bedecken und 1 Stunde kalt stellen. Alle Zutaten für die Vinaigrette gut mischen.
Die Salatblätter, den Speck und die Croutons in einer Salatschüssel anrichten. Die Käsewürfel in heißem Öl backen, auf Küchenpapier abtropfen lassen und zusammen mit der Vinaigrette zum Salat geben. Durchmischen und sofort servieren.

Torta de panqueque con verduras

EIERKUCHEN-GEMÜSE-TORTE

NEUE CHILENISCHE KÜCHE

10 Portionen

... für die Eierkuchen:

8 Eier

200 g Vollkornmehl

125 ml Milch

1 Prise Salz

Öl zum Backen

... für die »Torte«:

frisches Gemüse nach Geschmack (Paprika, Tomate, grüner Salat, Palmherzen, Gurke, Radieschen...), alles in Scheiben geschnitten

10 große schwarze Oliven, entkernt und in dünne Scheiben geschnitten

Mayonnaise (möglichst hausgemacht, s. S. 77)

Zitronensaft

Kapern und Anchovisfilets zum Dekorieren

Die Eier in einer Schüssel aufschlagen, mit der Milch gut verquirlen. Esslöffelweise das Mehl dazugeben, gut verrühren und darauf achten, dass keine Mehlklumpen entstehen. Mit einer Prise Salz würzen. Öl in einer Pfanne erhitzen und aus dem Teig 6 große Eierkuchen backen.

Auf einem großen Teller Schichten aus den Eierkuchen und dem Gemüse aufeinander legen. Jeweils mit etwas Zitronensaft beträufeln und mit Mayonnaise bestreichen. Die oberste Schicht mit Kapern und Anchovisfilets garnieren. Sofort in »Tortenstücke« schneiden und servieren, damit die Eierkuchen nicht durchweichen.

Ensalada verde con roquefort y nueces

GRÜNER SALAT MIT ROQUEFORT UND WALNÜSSEN

NEUE CHILENISCHE KÜCHE

6 Portionen

2 EL Zitronensaft
1/4 TL Salz
60 ml extrafeines Olivenöl
frischer Blattsalat (verschiedene Sorten, nach Geschmack)
50 g Brunnenkresse
120 g gehackte Walnüsse
180 g Roquefort (Blauschimmelkäse), zerkrümelt

In einer kleinen Schüssel Zitronensaft und Salz mischen. Olivenöl hinzugeben und gut verrühren. Salatblätter waschen und gut trocknen. Mit der Kresse, den Walnüssen, dem Blauschimmelkäse und Schnittlauch in einer Salatschüssel vermischen. Das Dressing zugeben und leicht unterheben.

Fricasé de salchichas

CHILENISCHES FRIKASSEE

TRADITIONELL

4 Portionen

8 Bockwürstchen

2 Zwiebeln, in Ringe geschnitten

2 rote Paprikaschoten, in Streifen geschnitten

2 gewürfelte Möhren

200 g geröstete Brotwürfel

8 Kartoffeln, gewürfelt und frittiert

150 g gekochte grüne Erbsen

2 EL gehackte glatte Petersilie

6 Eier

Öl

Salz und Pfeffer

In einer Pfanne Möhren, Zwiebeln, Paprika und Erbsen in etwas Öl anbraten. Die Würstchen längs und quer halbieren und in Öl erhitzen. Auf Küchenkrepp legen, damit das Fett aufgesogen wird. Warm stellen. Zu der Gemüsemischung die Petersilie und die Eier geben, erhitzen, bis die Masse zu stocken beginnt. Abschmecken. Auf vorgewärmten Tellern anrichten, die Würstchen verteilen und zum Schluss mit den gerösteten Kartoffelwürfeln und den Brotwürfeln bestreuen.

Caldillo de congrio

SEEAALSUPPE

TRADITIONELL

Ode an die Seeaalsuppe

Im sturmdurchwühlten
chilenischen Meer
lebt der rosenfarbene
Seeaal,
der Aalgigant
mit dem schneeigen Fleisch.
Und in den chilenischen
Kochtöpfen
an der Küste
kam zur Welt die reiche,
kräftige, köstliche Suppe.
Man bringt den enthäuteten Aal
in die Küche -
seine fleckige Haut lässt sich
abziehen wie ein Handschuh -
und da liegt er nun,
nackt,
dieses Traumgebilde des Meeres.
Es schimmert
der Zarte
in seiner Blöße,
bereit für unsre Begier.
Nun nimm
den Knoblauch,
streichle zuerst einmal
dieses köstliche
Elfenbein,
rieche
seinen aufreizenden Duft,
und dann
gibst du den Knoblauch,
fein gehackt, mit der Zwiebel
und der Tomate hinein, bis die
dünstende Zwiebel goldfarben
wird.
Unterdes
koche
die Meereskrebse,
die königlichen,
im Dampf,
und wenn sie gerade
gar sind
und das Arom
in die Brühe einkocht,
die aus des Weltmeeres
Saft besteht
und dem klaren Wasser, das das
Licht der Zwiebel ausschied,
dann
muss der Seeaal hinein
und rühmlich darin untergehen,
auf dass er im Sudtopf
sich schließe und voll sich sauge
mit Duft und Öl.
Jetzt ist nur noch vonnöten,
wie eine geschlossene Rose
die Sahne gleiten zu lassen
in das Gericht
und auf langsamem Feuer
zu brodeln den Schatz,
bis in der Brühe erwärmt sind
Chiles Essenzen
und auf den Tisch gelangen,
jung vermählt,
der Wohlgeschmack
des Meeres und der Erde,
auf dass du kennenlernst
den ganzen Himmel bei diesem
Gericht.

Pablo Neruda, 1954

6–8 Portionen

1 großer Seeaal (2 bis 3 kg) – wahlweise anderer Seefisch mit weißem, festem Fleisch – ungehäutet

2 mittelgroße Zwiebeln

2 große Tomaten

1/2 rote Paprikaschote

1 Glas trockener Weißwein (Sauvignon Blanc)

1/2 Liter Milch

12 schwarze Oliven

6 mittelgroße Kartoffeln

3 EL Pflanzenöl

2 Lorbeerblätter

1 Prise Oregano

1 TL scharfer Pfeffer, rot

1 TL gehackte, glatte Petersilie

4 EL Sahne

Salz

... für die Brühe:

der Kopf/ die Köpfe des Fisches/ der Fische

1 mittelgroße Zwiebel

1 Möhre

1 Lorbeerblatt

1 Stängel glatte Petersilie

4 Pfefferkörner

Zuerst wird die Brühe zubereitet. Fischkopf/-köpfe in einem großen Topf mit 2 l Wasser bedecken, Zutaten zugeben und bei mittlerer Hitze 1/2 Stunde leicht kochen (eventuell verdampfendes Wasser nachfüllen). Den Sud durch ein Sieb abgießen, dabei Fisch und Gemüse leicht ausdrücken. Beiseite stellen.

Die Tomaten blanchieren und häuten, Saft und Kerne entfernen und in Stücke schneiden. Die Zwiebel in grobe Ringe schneiden, das Öl erhitzen und die Zwiebelringe mit den Tomatenstücken und den in Stückchen gebrochenen Lorbeerblättern erhitzen. Wenn die Zwiebel glasig ist, den Wein zugeben und etwa 3 Minuten bei großer Hitze kochen lassen. Die Kartoffeln schälen und längs in je 6 Stücke zerteilen. In kaltes Wasser legen. Die Oliven entkernen und längs in je 4 Stücke zerschneiden. Den ausgenommenen Fisch (oder die Fische) quer in insgesamt 6 Stücke zerteilen, ohne die Haut zu entfernen.

Die Zwiebel-Tomaten-Masse zusammen mit den Kartoffeln in einen sauberen Topf geben, Fischbrühe und Sahne dazu geben, mit Salz, scharfem Pfeffer und Oregano würzen und bei Mittelhitze garen, bis die Kartoffeln bissfest sind. Die Oliven kurz vor dem Servieren dazugeben, mit gehackter Petersilie überstreuen und heiß servieren. Nach Geschmack mit Shrimps dekorieren.

Zitronensaft und frische Sahne sollten auf dem Tisch stehen, um nach Geschmack zugegeben werden zu können.

Caldillo de legumbres con congrio

ERBSENSUPPE MIT SEEAAL

NEUE CHILENISCHE KÜCHE

4 Portionen

3 EL Olivenöl

1 mittelgroße Zwiebel, fein gehackt

2 Knoblauchzehen, zerdrückt

1 Zweig frischer Rosmarin (ersatzweise 1 TL getrockneter)

1 Zweig frischer Salbei (ersatzweise 1 TL getrockneter)

100 g Speckwürfel

250 g gelbe Erbsen oder Kichererbsen (über Nacht eingeweicht und abgegossen)

120 ml Weißwein

1 1/4 l Fischbrühe

2 fein geschnittene reife Tomaten

Salz, Pfeffer, Mehl

1 TL Thymianblättchen

500 g Seeaal, in je 2 cm dicken Medaillons, wahlweise anderer Seefisch mit weißem, festem Fleisch

In einem großen Topf das Öl erhitzen, Zwiebel, Knoblauch, Rosmarin, Salbei und die Hälfte des Specks zugeben, bei Mittelhitze 5 Minuten anbraten. Die Erbsen zugeben und 5 weitere Minuten unter Rühren erhitzen. Den Wein angießen, wieder 5 Minuten kochen. Jetzt die Brühe und die Tomaten dazufügen, den Topf zu 3/4 bedecken und bei leichter Hitze 2 Stunden kochen lassen.

Die Rosmarin- und Salbeizweige entfernen. Die Erbsen mit 1/4 Liter Kochwasser aus dem Topf nehmen und zu einem Püree mixen. Den Rest des Kochwassers abgießen. Das Erbsenpüree in den Topf zurückgeben und mit Salz und Pfeffer abschmecken.

Auf einem flachen großen Teller etwas Mehl mit Thymian, Salz und Pfeffer mischen. Die Fischmedaillons damit panieren.

In einer großen Pfanne Öl erhitzen, die zweite Hälfte Speck zugeben und 7 Minuten braten, bis sich das Fett vom Speck gelöst hat. Den Speck entfernen (er kann für andere Zubereitungen aufbewahrt werden) und in dem Fett die panierten Fischmedaillons etwa 2 Minuten lang von allen Seiten vorsichtig goldbraun braten. Auf tiefen Tellern pro Person ein Medaillon, bedeckt mit den gekochten Erbsen und etwas Kochflüssigkeit, heiß servieren.
Dazu frischen Salat reichen (beispielsweise »Chilenischen Salat«, zubereitet aus Tomatenscheiben, Zwiebelringen, abgeschmeckt mit frischem gehacktem Koriander, Olivenöl, Limettensaft, Salz und etwas scharfem Pfeffer).

Papas rellenas

GEFÜLLTE KARTOFFELN
TRADITIONELL

6 Portionen

... für die Masse:
500 g Kartoffeln
2 Eier
100 g Mehl
200 g Paniermehl

... für die Füllung:
250 g Gehacktes
1 kleine gewürfelte Zwiebel
1 fein gehackte Knoblauchzehe
Prise Salz, Oregano, Kreuzkümmel, Pfeffer
1 EL Öl

Kartoffeln schälen, in grobe Würfel schneiden und 20 Minuten kochen. Zu Brei stampfen und mit Salz würzen, danach kalt stellen. In einer Pfanne Öl erhitzen und das Gehackte darin mit den anderen Zutaten goldbraun braten, bis die Zwiebel glasig wird, dann abkühlen lassen.

Die Kartoffelmasse in 6 gleiche Portionen aufteilen. Je eine Portion flachdrücken. Füllung in die Mitte geben und einen länglichen Kloß formen. Diesen zuerst in Mehl wälzen, danach durch das geschlagene Ei und das Paniermehl ziehen. Anschließend vorsichtig frittieren. Heiß mit *Pebre* (s. S. 197) servieren.

Chupe de mariscos

MUSCHEL-AUFLAUF

NEUE CHILENISCHE KÜCHE

6 Portionen

1/8 l trockener Weißwein

2 TL fein gehackte Schalotten oder Zwiebeln

1 kg ausgelöste Kammmuscheln (Scallops), jede quer halbiert

2 EL frische Semmelbrösel

3/8 l Kaffeesahne

90 g Butter

60 g Mehl

1 EL gelbes Chili-Püree, nach Belieben

1/4 TL Edelsüßpaprika

1/4 TL geriebene Muskatnuss

1/4 TL Cayennepfeffer

1 1/2 TL Salz

1/2 TL gemahlener weißer Pfeffer

150 g zerbröckelter Frischkäse

2 hart gekochte Eier, der Länge nach in 4 Spalten geschnitten

3 Tassen heißer, gekochter Reis, aus 200 g rohem Langkorn-Reis zubereitet

In einem großen Topf oder einer großen Pfanne aus Emaille den Wein mit den Schalotten oder Zwiebeln bei starker Hitze zum Kochen bringen. Für 3 Minuten auf niedrige Temperatur schalten, dann die Muscheln dazugeben und 5 Minuten schwach köcheln lassen, bis sie fest und weißlich geworden sind. Zum Abtropfen in ein Sieb geben und die Kochflüssigkeit aufbewahren. Den Backofen auf 175 °C vorheizen. Die Semmelbrösel in einer kleinen Tasse mit 2 EL Sahne übergießen und quellen lassen. In einem 2 bis 3 l Topf die Butter bei Mittelhitze auslassen. Wenn sie nicht mehr schäumt, auf milde Temperatur schalten, das Mehl hineingeben und 2 Minuten ständig rühren. Dann langsam die Weinsauce und die restliche Sahne dazurühren und ohne Pause mit dem Schneebesen weiterbearbeiten, bis die Sauce angedickt ist und kocht. Eingeweichte Semmelbrösel, Chili-Püree, Paprika, Muskatnuss, Cayennepfeffer, Salz und weißen Pfeffer hinzufügen. Gut verrühren und 125 g zerbröckelten Käse zugeben. 2 Minuten kochen lassen und dann die Muscheln hineingeben. Die Flüssigkeit, die von den Muscheln abgetropft ist, weggießen. Boden und Seitenwände eines feuerfesten 2 l Gefäßes oder einer ebenso großen Auflaufform leicht mit Butter bestreichen und die Eispalten auf dem Boden verteilen. Das Muschelgericht darübergeben und glatt streichen. Die Oberfläche wird mit dem restlichen geriebenen Käse gleichmäßig bestreut. In der Mitte des Backofens 20 Minuten backen, bis das Gericht brodelt und leicht angebräunt ist. Die heiße Auflaufform sofort auf den Tisch bringen. Körnigen Reis dazu servieren.

Anmerkung: *Dieses Gericht ist eine Variation der schon klassisch gewordenen chilenischen Spezialität* Chupe de Locos. *Statt mit Muscheln wird es mit Abalonen* (Locos) *zubereitet, die man in Deutschland nur in Konserven bekommt.*

Porotos granados

INDIANISCHER BOHNEN-MAIS-TOPF

TRADITIONELL

6 Portionen

500 g frische weiße Bohnen (oder getrocknete, s.u.)

1 1/4 l kaltes Wasser

100 ml Olivenöl

2 große Zwiebeln, grob gehackt

1 Knoblauchzehe, fein gehackt

750 g Tomaten, gehäutet, entkernt, zerhackt

1 1/2 TL Basilikum, gehackt (wenn möglich frische Blätter!)

1 TL getrockneter Oregano

frisch gemahlener, schwarzer Pfeffer

500 g gelber/orangener Kürbis, geschält, entkernt und in 3 cm dicke Würfel geschnitten

200 g frische Maiskörner (von 1 großen Maiskolben) oder 200 g vollkommen aufgetaute Tiefkühl-Maiskörner

1 TL Salz

Die Bohnen unter fließendem kaltem Wasser waschen und in einem schweren 5 l Topf mit den 1 1/4 l Wasser übergießen. Zum Kochen bringen und auf schwacher Hitze halb zugedeckt kochen lassen.

Das Öl in einer schweren Pfanne von 20 bis 25 cm Durchmesser über mäßiger Temperatur erhitzen. Darin Zwiebeln und Knoblauch unter gelegentlichem Rühren 5 Minuten dünsten, bis die Zwiebeln weich und glasig, aber noch nicht braun sind. Tomaten, Basilikum, Oregano sowie einige Prisen Pfeffer dazu rühren, die Temperatur erhöhen und das Gemisch bei ständigem Rühren kräftig kochen lassen, bis ein dickes Püree entstanden ist. Man schüttet es mit den Kürbiswürfeln zu den kochenden Bohnen, die nun zugedeckt 1 1/2 bis 2 Stunden brauchen, bis sie gar sind.

Sie bleiben anschließend weitere 5 Minuten mit dem Mais auf dem Herd, dann mit Salz abschmecken und heiß in einer Suppenterrine auf den Tisch bringen. Wenn gewünscht, kann Pebre (s. S. 197) dazu gereicht werden. Man gibt auf jede Tellerportion Bohnen 1 EL Sauce.
Sofern keine frischen Bohnen im Handel sind, können stattdessen 150 g getrocknete weiße Bohnen genommen werden. Sie werden gewaschen und 2 Minuten lang in 1 1/2 l Wasser gekocht. Dann auf dem abgeschalteten Herd 1 Stunde quellen lassen. Danach das Püree und den Kürbis dazugeben und weiter wie oben beschrieben zubereiten.

Plateada al horno

CHILENISCHER RINDERBRATEN

TRADITIONELL

6 Portionen

3 kg Plateada im Stück, ohne das Fett zu entfernen (Fleischstück aus dem unteren Rippenbereich, dem »Rinderlappen« unterhalb des Filets, auf englisch flank steaks)

200 g grobes Salz

750 ml trockener Weißwein

1 l kaltes Wasser

Das Fleischstück von allen Seiten mit Salz einreiben und in eine große Pfanne legen (möglichst aus Keramik). Wein und Wasser zuschütten. Das Fleisch sollte knapp über die Hälfte damit bedeckt sein. 4 Stunden im Backofen bei schwacher Hitze garen (dabei löst sich das Fett auf und vermischt sich mit der Flüssigkeit). Sofort aufschneiden und servieren. Dazu schmeckt Reis oder Kartoffelpüree.

Codornices escabechadas

MARINIERTE WACHTELN MIT GEMÜSE

TRADITIONELL

4 Portionen

12 kleine, küchenfertige Wachteln
4 kleine, feingewürfelte Zwiebeln
4 mittelgroße Möhren, in Streifen geschnitten
4 rote Paprika, geviertelt, ohne Kerne
200 ml Olivenöl
480 ml trockener Weißwein
getrockneter Oregano, Salz, Pfeffer nach Geschmack
800 ml weißer Essig
1,2 l Wasser

Die Wachteln am Vorabend in die Wasser-Essig-Mischung legen. Gut abtrocknen und bei starker Hitze rundum kurz anbraten. In einer Pfanne die Zwiebel anrösten. Die Temperatur für die Wachteln reduzieren, Zwiebeln, Paprika und Möhren zufügen. Den Wein aufgießen und die Flüssigkeit auf die Hälfte reduzieren lassen. Nun sollten die Wachteln gar sein. Erst ganz zum Schluss mit Salz, Pfeffer und Oregano würzen. Dazu passt pikantes Kartoffelpüree (einfach rotes Chilipulver unter das Püree mischen!).

Bistec a lo pobre

»ARME-LEUTE-STEAK«

TRADITIONELL

2 Portionen

2 Filet-Steaks vom Rind, je 250 bis 300 g

6 kleine, längliche Kartoffeln

2 Zwiebeln

4 Eier

1 l Öl

Salz und Pfeffer

Aus den Kartoffeln Pommes frites zubereiten. Die in dünne Ringe geschnittenen Zwiebeln in etwas Öl anbraten. Die Filets in heißem Öl anbraten (nach Geschmack durchgebraten oder englisch). Auf vorgewärmten Tellern in der Mitte anrichten, mit Pommes und Zwiebel umgeben und auf jedes Steak 2 Spiegeleier setzen. Dazu frischen Salat reichen. Im Norden Chiles bevorzugt man Reis statt Pommes frites als Beilage.

Medallones de ternera marinados

MARINIERTE KALBSMEDAILLONS

NEUE CHILENISCHE KÜCHE

4 Portionen

700 g Kalbsfilet (ohne Fett, 4 Medaillons, je 2 cm dick)

... für die Marinade:

1 TL frischer Thymian

1 TL Oregano (wenn vorhanden, frisch)

1 Knoblauchzehe

60 ml Honig

180 ml Rotweinessig

120 ml Olivenöl

1 Prise Merquén (ersatzweise rotes Chili-Pulver)

1 Handvoll Murtillas (chilenische Guave, dunkelrote Beeren mit Erdbeergeschmack), ersatzweise Preiselbeeren

... für die Sauce :

2 EL Olivenöl

1 gehackte Zwiebel

2 gehackte Knoblauchzehen

3 fein gewürfelte Möhren

750 ml Wein (Syrah Reserve)

60 ml Papaya-Honig (Papaya-Honig s. S. 206 Bezugsquellen)

300 ml Geflügelbrühe

100 g Butter

Die Zutaten für die Marinade gut vermischen. Das Fleisch einlegen und mindestens 2 Stunden darin ziehen lassen. In einem Topf das Olivenöl erhitzen, Zwiebel, Knoblauch und Möhren zugeben. Sobald die Zwiebel glasig ist, den Wein hinzufügen und die Flüssigkeit bei schwacher Hitze auf 1/3 reduzieren. Durch ein Sieb in eine Pfanne gießen. Die Butter darin schmelzen lassen und mit dem Papaya-Honig die Säure neutralisieren. Die Medaillons in Olivenöl von beiden Seiten kurz anbraten. Das Fleisch auf vorgewärmten Tellern servieren.

Dazu passt Reis.

Merquén

Merquén wird von den Mapuche-Indianern in Südchile seit Jahrhunderten aus (im Rauch) getrockneten roten Pfefferschoten und Koriandersamen hergestellt. Das pfeffrige Pulver mit seinem rauchigen Geschmack verleiht den Speisen eine unverwechselbare Note (Bezugsquelle s. S. 206).

Pollo asado con uvas

GEBACKENES HÜHNCHEN MIT TRAUBEN

TRADITIONELL

4–6 Portionen

2 fein gehackte Schalotten
1 mittelgroßes Hühnchen (mit Innereien)
250 g blaue Trauben, fein in Scheiben geschnitten
1 Glas trockener Weißwein
Zitrone, Butter, Pfeffer, Salz

Das ausgenommene, gewaschene Huhn mindestens 2 Stunden in Zitronensaft und Salz marinieren. Die Leber und den Magen durch den Wolf drehen und mit den Schalotten und den Trauben vermischen. Das Huhn damit füllen. Außen gut buttern, mit dem Weißwein übergießen und 45 Minuten im Backofen garen. Ab und an mit der Kochflüssigkeit übergießen. Das fertige Geflügel in Portionen zerteilen und warm stellen. Die Füllung durch ein Sieb streichen, nach Geschmack noch etwas Wasser, Geflügelbrühe und Wein zugeben und eine dicke Sauce bereiten. Abschmecken. In einer Sauciere heiß zum Fleisch servieren.

Leche nevada

MILCH-EIER-AUFLAUF

TRADITIONELL

6 Portionen

1 l Milch

4 Eiweiß

4 Eigelb, in 50 ml kaltem Wasser verrührt

3 TL Maizena (Markenname für Speisestärke aus Maismehl), mit dem Mixer in 50 ml kaltem Wasser aufgelöst

1 Vanilleschote

250 g Zucker

80 g karamellisierte Mandeln oder Nüsse

Die Milch mit der geöffneten Vanilleschote und 100 g Zucker aufkochen. Das Eiweiß zu festem Schnee schlagen, nach und nach den restlichen Zucker zugeben, nach Geschmack auch etwas Vanille- oder Mandelessenz. Mit einem Esslöffel Eischnee in die heiße, ganz leicht kochende Milch geben, vorsichtig von beiden Seiten stocken lassen. Dann die fertigen «Schneebällchen» mit einem Schaumlöffel auf Küchenpapier ablegen. Maizena mit dem Wasser 2 bis 3 Minuten aufkochen, dabei kräftig rühren. Die Eigelb zugeben, gleichmässig verrühren. Die karamellisierten Mandeln zugeben. In Portionsschüsselchen (oder eine große Glasschüssel) gießen, die Baiserflocken aufsetzen und gut gekühlt servieren.

Mote con huesillos

KOMPOTT AUS TROCKENPFIRSICH UND GRAUPEN

TRADITIONELL

4 Portionen

250 g Graupen

250 g getrocknete Pfirsiche

50 g Zucker

1/2 l Orangensaft

1 Zimtstange

Die Pfirsiche waschen und 24 Stunden lang einweichen. Wasser abgießen (aufbewahren), die Pfirsiche etwa 1 cm mit Flüssigkeit bedeckt lassen. Den Zucker und die Zimtstange hinzufügen. Alles bei schwacher Hitze in etwa 10 Minuten weich kochen. In einem zweiten Topf 1 l Wasser (dazu auch die aufbewahrte Flüssigkeit vom Einweichen verwenden) mit dem Orangensaft aufkochen und die Graupen einrühren. Unter gelegentlichem Rühren die Graupen weich kochen (etwa 30 Minuten) und unter das warme Pfirsichkompott mischen. Bis zum Verzehr im Kühlschrank für mindestens 2 Stunden kalt stellen.

Mousse de mote con huesillos

TROCKENPFIRSICH-GRAUPEN-MOUSSE

NEUE CHILENISCHE KÜCHE

4 Portionen

200 g Butterkekse
125 g Butter
350 g Zucker
100 g (am Vortag eingeweichte) Graupen
8 Trockenpfirsiche
1 l Sahne (oder Crème fraîche)
1 Gelatine ohne Geschmack
3 EL Zimt

Die Graupen abgießen und in Wasser mit dem Zucker und Zimt 30 Minuten kochen. Gleichzeitig die Trockenpfirsiche in Wasser kochen (etwa 10 Minuten), herausnehmen und die Kochflüssigkeit reduzieren, bis sie eine sirupartige Form annimmt. Die Kekse zerreiben und mit dem Zucker mischen. In einem Topf die Butter zerlassen, die Keks-Zucker-Mischung zugeben und kurz erhitzen. Vom Feuer nehmen und 2 Minuten rühren. Die Hälfte dieser Masse auf den Boden einer Springform (26 cm Durchmesser) streichen. Das sirupartige Kochwasser in einer Schüssel mit der Sahne und den in kleine Stücke geschnittenen Pfirsichen vermischen. Die Gelatine in 200 ml warmem Wasser auflösen und hinzufügen. 30 Minuten ins Kühlfach stellen, dann auf dem Keksboden verteilen. Die andere Hälfte der Keksmasse darüber geben. Mit den gekochten Graupen servieren.

Leche asada

GESTOCKTER MILCHPUDDING

TRADITIONELL

6 Portionen
1 l Milch
4 EL Zucker
6 Eier
1 TL Vanilleextrakt
Karamellsauce

Eine Puddingform (feuerfestes Glas) mit reichlich Karamellsauce ausstreichen. Das Eiweiß zu Schnee schlagen, nach und nach Eigelb, den Zucker und die Milch zugeben. Die Masse in die Form gießen und bei starker Hitze im Backofen 30 bis 40 Minuten stocken lassen, bis die Oberfläche goldbraun aussieht. Abkühlen lassen und im Kühlschrank kalt stellen.

Turrón de vino

WEINSCHAUM
TRADITIONELL

4 Portionen

1/4 l Rotwein
300 g Zucker
3 Eiweiß

Wein und Zucker unter Rühren zu einem dickflüssigen Sirup aufkochen. Das Eiweiß fest schlagen und den Sirup unter weiterem Schlagen langsam zugeben bis alles erkaltet und fest ist. Kalt servieren.

Postre de cítricos

ZITRUSFRUCHT-KOMPOTT
NEUE CHILENISCHE KÜCHE

6 Portionen

120 ml frischer Orangensaft
120 ml frischer Mandarinensaft
120 ml frischer Grapefruitsaft
60 ml frischer Zitronensaft
200 g Zucker
je eine Prise gemahlene Nelke, Kardamom und Zimt
5 geschälte, von der Haut befreite Orangen, zerteilt
1 rote Grapefruit, zerteilt
2 geschälte, von der Haut befreite Mandarinen, zerteilt
1 Zitrone, von der Haut befreit, in dünnen Scheiben

In einem Topf den Saft mit dem Zucker und den Gewürzen bei Mittelhitze unter Rühren erhitzen, bis sich der Zucker aufgelöst hat. Die Früchte zugeben und 10 Minuten leicht kochen lassen. In eine Schüssel geben. Gut gekühlt servieren.

Turrón

Süßigkeit arabischen Ursprungs mit Mandeln und Honig. Im spanischen Jijona, im Hinterland der Costa Blanca, wird heute das edelste Turrón produziert. Die Spanier lieben die schwere Leckerei vor allem zur Weihnachtszeit. Turrónes sind in Chile weit verbreitet. Der Begriff wird heute auch für nicht unbedingt dem Originalrezept entsprechende Süßspeisen verwendet, wie zum Beispiel für diesen zuckrigen Weinschaum.

Frutas con espuma de vino

OBSTSALAT MIT WEINHAUBE

NEUE CHILENISCHE KÜCHE

4 Portionen

200 g Zucker

240 ml Syrah (siehe Wein S. 24)

1 Zimtstange

2 Gewürznelken

3 Eiweiß

50 g geröstete Walnüsse

Mischung aus vier verschiedenen frischen Früchten (Nektarinen, Pflaumen, Kirschen, Kiwis, Trauben o.a.), geschält und klein gewürfelt

120 ml Orangensaft

In einem Topf Zucker, Wein, Zimt und Nelken auf mittlerer Hitze kochen, bis die Flüssigkeit sirupartig wird und Fäden zieht. In einer Schüssel das Eiweiß zu Schnee schlagen, dabei nach und nach den Sirup zufügen. Weiterschlagen, bis die Masse kalt ist und leicht glänzend aussieht. Etwas Sirup für die Dekoration übrig lassen. Die Nüsse unterziehen. Das Obst mit dem Orangensaft mischen. Mit zwei Löffeln je zwei Syrah-Hauben abstechen, auf Kompotttellern anrichten, rundum die Früchte legen und mit einigen Tropfen Sirup sowie je einer halben Walnuss dekorieren.

Tacitas

»TÄSSCHEN« – CHILENISCHE KEKSE
TRADITIONELL

45 Stück

... für den Teig:
1 kg Mehl
10 Eigelb
2 Eiweiß

... für die Füllung:
500 g Manjar (s. S. 119)

... für die Glasur:
1 kg Zucker
400 ml Wasser
15 Eiweiß
1 EL Puderzucker

Teig: Alle Zutaten auf niedriger Stufe 8 Minuten mixen. Gut kneten und mit dem Nudelholz dünn ausrollen. Länglich-ovale Teigstückchen ausstechen (s. Foto) und auf einem Backblech 16 Minuten bei 170 °C backen. Abkühlen lassen. Je ein Teigstück mit Manjar bestreichen und ein zweites obenauf setzen. Beiseite stellen.
Glasur: Zucker und Wasser aufkochen bis die Flüssigkeit sirupartig wird und Fäden zieht. Den Puderzucker unterrühren. Das Eiweiß zu festem Schnee schlagen, den Sirup unterziehen und mindestens 5 Minuten auf hoher Stufe weiter mixen.
Die Kekse oben und an den Seiten mit der Glasur bestreichen. Im Backofen bei schwacher Hitze backen, bis die Glasur fest ist. Ausgekühlt servieren.

Alfajores con manjar

KEKSE MIT KARAMELLCRÈME

TRADITIONELL

etwa 12 Stück

6 Eigelb

6 EL Mehl

1 kleines Schnapsgläschen Pisco (ersatzweise anderen weißen Branntwein)

1 Dose Karamellcrème (Manjar, s. S. 119)

Puderzucker und/oder Kokosraspeln

Das Eigelb so lange schlagen, bis es eine helle Farbe annimmt, Pisco und Mehl zugeben. Gut verkneten, mit dem Nudelholz dünn ausrollen und mit einem Wasserglas kreisförmig ausstechen. Mit einer Gabel mehrfach einstechen und im heißen Backofen auf einem eingefetteten Blech backen, bis sie eine goldbraune Farbe annehmen.

Je einen Keks mit der Karamellcrème bestreichen, einen zweiten darauf setzen. Mit Puderzucker und/oder Kokosraspeln dick bestreuen und noch warm oder kalt anbieten.

Manjar

Diese Karamellcrème ist aus der chilenischen Patisserie und Konditorei nicht wegzudenken. Nicht nur Kekse, auch Torten, Schokolade und Pralinen werden damit gefüllt, und als Brotaufstrich ist die Leckerei ebenfalls beliebt. Man mag es süß im Andenland!

Zubereitung: In den Deckel der Dose mit der gezuckerten Kondensmilch mehrfach mit einem Dosenöffner (oder einem spitzen Schraubenzieher) Löcher einstechen. In heißem Wasserbad etwa 2 Stunden auf kleiner Flamme erhitzen (wenn das Wasser verdampft, nachfüllen). Unbedingt erst auskühlen lassen, dann die Dose öffnen. Die Karamellcrème sollte eine braune Farbe aufweisen (wie ein Sahnebonbon) und cremig-fest sein.

Milhojas

SCHICHTKUCHEN MIT MANJAR UND BAISER

TRADITIONELL

15–20 Portionen

... für den Teig:
1 kg Mehl
180 g Margarine
5 Eier
200 ml Wasser

... für die Füllung:
1 kg Manjar (s. S. 119, entspricht der Menge der Dosenmilch)

... für das Baiser:
1 kg Zucker
380 ml Wasser
350 ml Eiweiß

Teig: Die Margarine schnell cremig schlagen. Alle anderen Zutaten zugeben und 5 Minuten weiterschlagen. 20 Minuten lang mit dem Nudelholz mehrfach kräftig ausrollen und wieder umschlagen. Danach dann endgültig sehr dünn ausrollen (1–2 mm). Den Teig mit einer Gabel vielfach einstechen und auf die gewünschte Größe zuschneiden. 12 Minuten bei 180 Grad backen.
Baiser: Zucker und Wasser aufkochen, bis die Flüssigkeit sirupartig wird und Fäden zieht. Das Eiweiß steif schlagen. Den Zuckersirup auf den Eischnee geben und weiter mixen, bis das Baiser streichfähige Konsistenz annimmt.
Ein Teigstück mit Manjar bestreichen, ein weiteres Teigstück auflegen, mit Baiser bestreichen. Jedes Kuchenstück sollte insgesamt aus je 3 Schichten Manjar und *Merengue* (spanisch: Baiser) bestehen. Mit einem Teigstück abschließen. Vor dem Servieren 15 Minuten ruhen lassen.

Juan Fernández Archipel

Wer kennt sie nicht, die Robinson-Geschichte von Daniel Defoe? Während im Roman der Held auf einer Insel in tropischen Breiten mit den Tücken seiner Umgebung fertig zu werden versuchte, landete die authentische Vorlage der Robinson-Figur, der schottische Seemann Alexander Selkirk, Sohn eines Schusters und dritter Offizier auf dem Freibeuter-Schiff »Cinque Ports«, auf einem Eiland mit bis zu 1 400 Meter aufragenden Berggipfeln und feucht-kaltem Regenwald. Diese einmalige Landschaft mit teilweise endemischer Fauna und Flora wird heute als Biosphärenreservat geschützt. Ob Alexander Selkirk freiwillig oder gezwungenermaßen auf der Insel blieb, ist historisch nicht eindeutig geklärt. Es war zu einem Streit mit dem Kapitän gekommen, der schnell weiter fahren wollte, Selkirk aber wollte aufwändige Reparaturen an dem Schiff vornehmen. Selkirks kleines »Care-Paket«, so die Legende, bestand lediglich aus einer halben Flasche Rum, zwei Päckchen Tabak, einer Bibel und 17 spanischen Goldmünzen.

Vier Jahre und vier Monate musste der Schotte auf dem Juan Fernández-Archipel ausharren, 700 Kilometer von der chilenischen Küste entfernt, bis ihn ein rettendes Schiff an Bord nahm. Tag für Tag machte sich Selkirk zu einem Aussichtspunkt in 565 Meter Höhe auf und produzierte Rauchsignale, in der Hoffnung, ein rettendes Schiff möge die Insel passieren. Inzwischen ist dieser Aussichtspunkt *Mirador Alejandro Selkirk* eine beliebte Touristenattraktion. Mit dem kleinen Unterschied, dass die Reisende heute von Santiago aus mit dem Flugzeug auf der Insel landen – und zurückfliegen können.

Das Archipel, das sich auch einen berüchtigten Namen als Unterschlupf für Piraten machte, wurde während der Unabhängigkeitskriege auch als Straflager genutzt. Es besteht aus insgesamt drei Inseln: Robinson Crusoe, Alejandro Selkirk und Santa Clara. Geologisch betrachtet ist das Archipel Folge eines Unterwasser-Vulkanausbruchs, aus dessen Lavaströmen sich vor 5000 Jahren das Archipel formte.

Einziger Ort auf der Insel Robinson Crusoe ist San Juan Bautista, derzeit von etwa 600 Menschen bewohnt. Diese leben fast ausschließlich vom Langustenfang. Auf Grund ihrer Größe und ihres unvergleichlichen Geschmacks werden die Langusten von der »Robinson-Insel« von Feinschmeckern in aller Welt als ganz besonderer Leckerbissen geschätzt.

Langosta gratinada con risotto de hongos

GRATINIERTE LANGUSTE MIT PILZ-RISOTTO

NEUE CHILENISCHE KÜCHE

2 Portionen

1 Languste

... für die Newberg-Sauce

2 EL Mehl

4 EL Butter

200 ml Milch

etwas Langustenfleisch und/oder Shrimps

1 TL Butter

1 kleines Gläschen Sherry

Salz und Paprikapulver nach Geschmack

300 g frische, geputzte und in feine Streifen geschnittene Pilze (möglichst Waldpilze, sonst Champignons)

160 g Arboreo-Reis (Reis mit großen Körnern, besonders für Risotto und Salate geeignet)

1 l Hühnerbrühe

3 EL Olivenöl

80 g geriebener Parmesankäse

Schnittlauch nach Geschmack

Salatblätter zum Dekorieren

Das Langustenfleisch in mittelgroße Stücke zerteilen. In Olivenöl anbraten, beiseite stellen. Nun die Newberg-Sauce zubereiten: dazu das Mehl und die Butter mit der lauwarmen Milch gut verquirlen. Unter Rühren kurz aufkochen und mit Salz und Pfeffer würzen. Etwas Langustenfleisch und/oder die Shrimps kurz in 1 TL Butter anschwenken, den Sherry zugeben und kurz köcheln lassen. Dann die Flüssigkeit durch ein Sieb abgießen und das Langustenfleisch/die Shrimps unter die Newberg-Sauce heben. Den Reis kurz in Öl anbraten, dann nach und nach unter ständigem Rühren langsam die Brühe tassenweise (1 l entspricht etwa 5 großen Tassen) zugeben. Schwache Hitze beibehalten, bis die Flüssigkeit verkocht und der Reis bissfest ist (etwa 15 Minuten). Nach der letzten Tasse Brühe die Pilze und den Parmesan zufügen und nochmals 2 Minuten kochen lassen. Die Langustenstücke im Backofen mit der Newberg-Sauce gratinieren. Auf dem Reis anrichten und mit Salatblättern dekorieren.

Langosta sobre masa de hojas

LANGUSTE AUF BLÄTTERTEIG

NEUE CHILENISCHE KÜCHE

4 Portionen

- 2 Langustenschwänze
- 500 g Zucchini, in dünne Scheiben geschnitten
- 500 g Tomatenwürfel
- 50 g Zwiebelwürfel
- 250 g Blätterteig
- 20 g Butter
- 1 EL gehackter Kerbel
- 1 EL gehackter Thymian
- 2 EL Olivenöl
- Salz und Pfeffer

Den Blätterteig ausrollen und 4 Kreise von je 10 cm Durchmesser ausstechen. Im Backofen 15 Minuten backen. Zwischendurch wenden. Abkühlen lassen. Die Zucchini in einem Topf in Salzwasser 2 Minuten kochen. Abtropfen lassen. Die Langusten 20 Minuten in einem Topf in Salzwasser kochen. Inzwischen Zwiebeln und Tomaten in Olivenöl anbraten, salzen, pfeffern und 10 Minuten dünsten. Zwiebeln und Tomaten auf den Blätterteigscheiben verteilen und die Zucchinischeiben darauf platzieren. Mit Thymian bestreuen. Die Langusten schälen und in Scheiben schneiden. Butter in einer Pfanne erhitzen, die Langusten darin 2 Minuten anbraten. Auf den Teigstücken verteilen, mit Olivenöl beträufeln und für 30 Minuten bei 180 °C im Backofen garen. Mit Kerbel überstreuen, servieren und genießen!

Osterinsel

Die Osterinsel, in der Sprache ihrer Bewohner *Rapa Nui* (Nabel der Welt), wurde am Ostersonntag des Jahres 1722 durch den Niederländer Jacob Roggeveen entdeckt. Die Herkunft der Ureinwohner ist wissenschaftlich noch immer umstritten, ebenso wie die Entstehung und Bedeutung der 638 *Moai*. Die bis zu 21 Meter hohen Steinstatuen befinden sich vor allem im Nordosten der 160 km^2 großen Insel, am Krater Rano Raraku. Die Mehrheit der rund 3 000 Einwohner lebt in der Hauptstadt Hanga Roa.

Das geheimnisumwitterte Eiland hält jedoch nicht nur kulturelle, historische und landschaftliche Leckerbissen für Besucher bereit, auch die Gastronomie bietet manche Überraschung. Mitten im Pazifischen Ozean, fast 4 000 Kilometer vom chilenischen Festland entfernt, nutzen die Insulaner für die Zubereitung ihrer Speisen vor allem den Reichtum an Fischen und anderem Meeresgetier. Durch kreisförmige Steinmauern vor den ständig wehenden Winden geschützt, gedeihen verschiedene Gemüsearten und Kräuter. Andere Produkte wie zum Beispiel Öl, Fett, Mehl, Reis oder Rindfleisch müssen vom Festland gebracht werden, was den Preis entsprechend in die Höhe schnellen lässt. So haben sich viele überlieferte Gerichte, die vorwiegend auf der Basis einheimischer Zutaten bereitet werden können, glücklicherweise bis heute fast unverändert gehalten. Abwechslung bringen unterschiedliche Saucen, beispielsweise mit Estragon, Petersilie oder Fenchel abgeschmeckt, aber auch Salate und Obst (Bananen, Guayabas, Mango). Neben herkömmlichen Kartoffeln werden von den Insulanern die typischen Süßkartoffeln *(Camote)* bevorzugt, von denen auf Rapa Nui sechs verschiedene Sorten gedeihen – vor allem der aus Tahiti stammende *Taro*. So ist wohl eines der verbreitetsten Gerichte der Insel Thunfisch mit gekochten Süßkartoffeln. Dabei wird der Fisch gebraten, als Suppe, als Füllung in Teigtaschen oder auch roh (Cebiche, s. S. 70, 71, 130) zubereitet. Andere beliebte Fischsorten sind *Manúe*, *Toremo* und der *Große Matahura* mit seiner roten Haut und seinem weißen, sehr schmackhaften Fleisch. Leider sind diese Fische in Deutschland nicht zu kaufen. Die absolute Reinheit aller Zutaten – auf der Osterinsel gibt es weder Luft- noch Wasserverschmutzung – tragen zum hervorragenden Geschmack der gesunden, vitamin- und eiweißreichen Speisen bei.

Mit Sicherheit eines der originellsten und leckersten Gerichte der Osterinsel ist der *Curanto en tierra*. In einem Erdloch werden Steine und glühende Holzstücke geschichtet, auf denen Fische, Kartoffeln und *Camotes* in Bananenblätter gewickelt garen. Touristen wird die Wartezeit dabei sicher nicht lang, wenn sie inzwischen polynesischer Musik lauschen und die exotischen Tänze der Bewohner des gastlichen »Landes der Moai« bewundern.

Carpaccio de atún

THUNFISCH-CARPACCIO MIT KAPERN

TRADITIONELL

4 Portionen

200 g frisches Thunfischfilet
2 EL Olivenöl
1 Limette
1 Stange Frühlingszwiebel, in feine Streifen geschnitten
1 EL Kapern
Salz, Pfeffer
rote Paprika zum Garnieren, fein gewürfelt

Das Fischfilet in feine Scheiben schneiden (vorher eine Stunde in den Gefrierschrank legen, dann lässt es sich leichter zerteilen). Die Scheiben auf einem Teller oder einer Platte ausbreiten.
Olivenöl und Limettensaft mit den Kapern und Zwiebelringen vermischen, darübergeben. Salzen, pfeffern und mit den Paprikawürfelchen dekorieren. Für einige Minuten im Kühlschrank ziehen lassen. Kalt servieren.

Atún con vegetales glaseados

THUNFISCH MIT GLACIERTEM GEMÜSE

NEUE CHILENISCHE KÜCHE

3 Portionen

3 frische Thunfisch-Medaillons, jedes etwa 150 g
9 Cherry-Tomaten, ganz
1 Frühlingszwiebel, in Streifen
300 g Champignons, geviertelt
200 g Baby-Möhren, ganz
2 EL flüssiger Honig
1 TL Kreuzkümmelsamen
1 kleines Glas Weißwein
Öl, Salz und Pfeffer

Den Fisch salzen und pfeffern und in einem vorgeheizten Teflon-Grill 3 Minuten garen. Das Gemüse in eine beschichtete Pfanne geben, kurz erhitzen, Honig, Kümmel und Wein zugeben. Salzen, pfeffern und bissfest garen. Die Medaillons dazugeben und nochmals kurz erhitzen. Sofort servieren.

Cebiche de atún

MARINIERTER THUNFISCH IN LIMETTENSAUCE

TRADITIONELL

8 Portionen

1 kg frischer Thunfisch, in 1 cm große Würfel geschnitten
1 mittelgroße, fein gewürfelte Zwiebel
12 Limetten
4 grüne, fein geschnittene Pfefferschoten, ohne Kerne
3 Tomaten, in 1 cm große Würfel geschnitten
1 EL gutes Öl
3 Stängel frischer Koriander (notfalls glatte Petersilie)
Mayonnaise (Rezept S. 77)
Salz

Limetten auspressen. Die Fischwürfel mindestens 4 Stunden in dem Limettensaft einlegen. Zwiebel, Pfefferschoten und Tomaten mischen und in ein Sieb geben, damit der Saft abläuft. Koriander hacken. Alles mit den Fischwürfeln vermischen und nochmals in einem Sieb abtropfen lassen. Jetzt nach Geschmack frischen Limettensaft, Öl und Salz zufügen, kurz durchziehen lassen und in Glasschälchen oder breiten Gläsern mit einem Tupfer Mayonnaise obenauf servieren.

Der chilenische Süden

Grün, Blau und Weiß: Eine Seenplatte, umgeben von immergrünen Wäldern vor der Kulisse imposanter, schneebedeckter Vulkane prägt die Landschaft. Wenn Sie gen Süden fliegen, sichern Sie sich einen Sitzplatz auf der linken Seite, um die so genannte »Chilenische Schweiz« in ihrer ganzen Schönheit genießen zu können!

Kleiner Süden: VIII. bis X. Region; Concepción, Temuco, Puerto Montt

Der Schwefelgeruch beißt sich in meiner Nase fest. Beleidigt verlangt sie umzukehren. Ich versuche, durch den Mund zu atmen. Meine schweren Beine verbünden sich gegen mich: Sie wollen nicht mehr. Ich besteige einen Berg, rundum riecht es nach faulen Eiern. Die letzten Schritte – endlich bin ich oben. Der Bergführer klopft mir anerkennend auf die Schulter. Mehr als sechs Stunden haben wir benötigt, um zum Kraterrand zu gelangen. Ein Brodeln, Fauchen und Grollen tief unter uns: Keine Frage, der Berg lebt!

Das ist beängstigend und faszinierend zugleich und auch noch steigerungsfähig: Kurz darauf schießt, zischt und spritzt kochende orangerote Lava aus dem Kraterloch in die Höhe, bevor sie dann die Kraterränder hinabrinnt und langsam verlöscht, bis nur noch graue, unansehnliche Flecken an die vorherige Eruption erinnern.

Von den rund 500 aktiven Vulkanen weltweit befinden sich etwa 10 Prozent in Chile, das inmitten des sogenannten »pazifischen Feuergürtels« liegt und daher auch täglich – meist nicht spürbare – Erdbeben registriert. Der 2 847 Meter hohe Villarrica in der X. Region ist jedoch der einzige Vulkan, der in solchem Ausmaß aktiv ist und trotzdem eine Gipfelbesteigung erlaubt, um den spuckenden Krater aus nächster Nähe zu sehen. Der starke Vulkanismus ist auch die Ursache für die große Zahl an Thermalbädern im Kleinen Süden Chiles.

Großer Süden: XI. und XII. Region; Patagonien

Südlich von Puerto Montt beginnt Patagonien, eine eigene Welt aus unberührten Wäldern, Inseln, Kanälen, Fjorden und Gletschern in der unvergleichlichen »Stille des Südens«.

So leicht kann Herrn Ferdinand Thomasser aus Österreich nichts mehr überraschen: Der 75-Jährige, rüstige Naturfreund hat die ganze Welt bereist. Er kennt die Sahara und die kanadischen Wälder, die russische Taiga, die Geysire Islands und die australische Steppe. Am Ufer des Grey-Sees im Natur- und Landschaftsschutzgebiet »Torres del Paine« meint er mit einem Blick aus dem Fenster unserer Raststätte auf die direkt vor uns auf tiefblauem Wasser treibenden Eisberge: »Das ist wirklich unglaublich – hier haben Sie tatsächlich alle Wunder der Natur an einem Ort! Bizarre Felsberge, stille Seen und reißende Flüsse, seltene Pflanzen, Wildtiere und kalbende Gletscher. Das gibt es wohl wirklich nur einmal auf dieser Erde!« Der Grey-Gletscher ragt bis zu 300 Meter aus dem Wasser empor, einer der unzähligen Ausläufer der südlichen Eisfelder, die Teile Patagoniens bedecken. Steht man vor dieser in silbrigen Blau- und Grüntönen leuchtenden Eiswand, hört man die ewige Melodie des Windes, der in den Rissen, Löchern und Einschnitten wie auf einer gigantischen Orgel spielt.

Das Ende der Welt liegt in Chile. Immerhin ist das heute rund 120 000 Einwohner zählende Punta Arenas die südlichste Stadt der Erde, danach gibt es bis zur Antarktis nur noch einige kleinere Orte auf Feuerland sowie Forschungsstationen. Ich stehe am äußersten Ende einer weit in die Magellanstraße hineinragenden Halbinsel und lehne mich an den weit und breit einzigen, vom ständigen Sturm arg gezausten Baum. Gegenüber, in leichten Dunst getaucht, liegt Feuerland. Ich erinnere mich an die als Kind verschlungenen Abenteuergeschichten, die von tollkühnen Seefahrern, die diese gefährliche Route meisterten, berichteten. Zeuge der harten Lebensbedingungen sind auch die Ruinen der in der Nähe gelegenen Stadt Rey Felipe II, die 1584 von Pedro Sarmiento de Gamboa gegründet und später »Hungerbucht« genannt wurde, nachdem 300 Männer hier durch Unterernährung und Kälte den Tod fanden.

Tártaro de salmón en corazones de alcachofa

LACHS-TATAR AUF ARTISCHOCKENHERZEN

NEUE CHILENISCHE KÜCHE

6 Portionen

500 g Artischockenböden (aus der Konserve)
300 g Lachs, ohne Gräten
100 ml Zitronensaft
2 EL Kapern
4 EL Olivenöl
100 g fein gewürfelte Zwiebel
frischer Koraínder, fein geschnitten
Salz, Pfeffer

Den Lachs in kleine Würfel schneiden. Mit den übrigen Zutaten vermischen und einige Minuten durchziehen lassen. Auf den Artischockenböden anrichten und kalt servieren.

Salmón con queso crema

LACHS-KÄSE-TORTE
NEUE CHILENISCHE KÜCHE

10 Portionen

250 g Frischkäse (Typ Philadelphia)
1 Bund fein gehackte glatte Petersilie
1 Bund fein gehackter Schnittlauch
800 g Räucherlachs in Scheiben

... für die Sauce:
5 EL Mayonnaise (Rezept S. 77)
2 Eiweiß
50 g abgetropfte Kapern
gehackter Schnittlauch, ungesüßte, geschlagene Sahne und Lachskaviar zum Dekorieren

Den Käse cremig rühren und mit der Petersilie und dem Schnittlauch mischen. Eine Springform (20 cm Durchmesser) mit Frischhaltefolie auslegen. Abwechselnd mit Schichten aus Lachs und Käsecrème füllen. Mit Frischhaltefolie bedecken und mindestens 2 Stunden ins Tiefkühlfach stellen. Vor dem Servieren aus der Form nehmen, mit einem scharfen Messer in Portionen schneiden und dann im normalen Kühlschrank auf die rechte Temperatur »erwärmen«. Die Zutaten für die Sauce mixen. Je ein »Tortenstück« auf einem Teller anrichten, mit geschlagener Sahne und Kaviar dekorieren, mit etwas Sauce umgeben und Schnittlauch darüberstreuen.

Pantrucas

FLEISCHBRÜHE MIT EINLAGE

TRADITIONELL

6–8 Portionen

1 kg Suppenfleisch
1 geriebene Möhre
Salz
Suppenwürze nach Geschmack
3 EL Öl
1 kleine gewürfelte Zwiebel
1 gewürfelte Möhre
3 Bund gehackte glatte Petersilie
1 Ei

... für die Einlage:
500 g Mehl
200 ml Brühe
1 Eigelb

Das Suppenfleisch grob zerteilen und mit der geriebenen Möhre und den Gewürzen anbraten. Genügend Wasser angießen, Zwiebel, Möhre und Petersilie beigeben. Aufkochen und ziehen lassen, bis das Fleisch weich ist. Dann das Fleisch aus der Brühe nehmen und anderweitig verwenden (z.B. für einen Salpicón, s. S. 76). Der kochenden Brühe die folgende Suppeneinlage beifügen:
Mehl mit der Brühe und dem Eigelb zu einem weichen Teig verkneten, ausrollen und in 2 cm breite Streifen schneiden. Diese mit den Fingern in der gewünschten Länge abknipsen und in die Brühe geben. 15 Minuten garen lassen. Das Ei verquirlen und unter die Suppe rühren. Je nachdem, wie viel Einlage man in die Suppe gibt, entsteht eine klare Brühe oder ein dicker Eintopf.

Arrollado Huaso

LÄNDLICHER ROLLBRATEN

TRADITIONELL

6 Portionen

1 kg Schweinefleisch
250 g Speck
500 g Schweineschwarte
100 ml Essig
3 Knoblauchzehen
1 EL Salz
Pfeffer und Kreuzkümmel *(Comino)*
3 EL Paprikapulver
4 l Fleischbrühe
Faden zum Zusammenbinden
Paprikapaste

Das Fleisch und den Speck in 1,5 cm breite, lange Streifen schneiden. Die Schwarte gibt es in Deutschland am Stück zu kaufen. Um sie nutzen zu können, muss sie sozusagen »entrollt« werden. Dafür die Schwarte vorsichtig so aufschneiden, dass ein etwa 25 cm breiter, langer Streifen entsteht. Den Essig mit Salz, dem zerstoßenen Knoblauch, dem Paprikapulver, Pfeffer und Kümmel nach Geschmack mischen. In eine breite Schüssel geben und das Fleisch, den Speck und die Schwarte darin bis zum nächsten Tag marinieren.

Die Schwarte auf ein großes Brett legen. Abwechselnd Speck- und Fleischstreifen daraufgeben und aufrollen. Nach jeder »Runde« mit Paprikapaste betreichen. Zum Schluss mit dem Faden mehrfach gut zusammenbinden, damit sich die Rolle nicht öffnen kann. In 4 Litern Fleischbrühe 2 Stunden kochen. In der Brühe abkühlen lassen, abgießen. Vor dem Servieren in breite Stücke aufschneiden.

Ensalada de centolla

FÜR GANZ BESONDERE GELEGENHEITEN:
SALAT AUS KÖNIGSKRABBE
NEUE CHILENISCHE KÜCHE

3 Portionen

1 kg gefrorenes Fleisch der Königskrabbe
2 hart gekochte Eier
1 kleine, sehr fein gehackte Zwiebel
1 EL Olivenöl
3 EL Balsamessig, weiß

Das Krabbenfleisch in einem Sieb auftauen und abtropfen lassen, die Flüssigkeit auffangen. Die Zwiebel zunächst mit sehr heißem Wasser abspülen, danach mit eiskaltem Wasser abschrecken. Mit Öl, Essig, Salz und Pfeffer mischen und das Königskrabbenfleisch (vorsichtig zerzupft) unterheben. Nach Geschmack mit der abgetropften Flüssigkeit auffüllen. Mit Toastbrotscheiben und Butter servieren.

Centolla

Königskrabbe aus den kalten Gewässern um Feuerland. Das zarte, weiße Fleisch des bis zu 3,5 kg schweren Tieres ist eine wahre Delikatesse – gekocht und naturell mit hausgemachter Mayonnaise oder als Auflauf, gebunden mit Sahne und Käse. Fünf Monate im Jahr dürfen die lokalen Fischer die Kostbarkeit dieser Region aus dem Meer vor Punta Arenas holen. Das beste Krebsfleisch der Welt, sagen viele, weil das Wasser hier so kalt, sauber und planktonreich ist.

Centolla con espuma de palta

KÖNIGSKRABBE MIT AVOCADOSCHAUM

NEUE CHILENISCHE KÜCHE

4 Portionen

... für den Avocadoschaum:
1 reife Avocado, geschält, ohne Kern
80 ml flüssige Sahne
Tabasco-Sauce
Salz und Pfeffer
2 Blätter Gelatine
1 Prise Curry

180 g frische Königskrabbe (ausgelöst)
2 TL Zitronensaft
Saft einer Orange
3 TL Mayonnaise (Rezept S. 77)
2 TL Dijon-Senf
Salatblätter und Schnittlauch zum Garnieren

Die Gelatine auflösen. Die Avocado pürieren. Sahne, Tabasco, Salz, Pfeffer, Curry und die flüssige Gelatine zugeben, gut vermischen, in kleine Förmchen füllen und erkalten lassen. Das Krabbenfleisch mit Zitronen- und Orangensaft marinieren und mit Mayonnaise und Senf vermischen. Auf frischen Salatblättern arrangieren und mit je einer Portion Avocadoschaum servieren.

Cazuela de pollo

HÜHNEREINTOPF
TRADITIONELL

4 Portionen

4 Stück Hühnerfleisch (Brust und/oder Keule)
4 geschälte Kartoffeln
1 Handvoll Reis
1 ganze, geschälte Knoblauchzehe
1 große Zwiebel, geschält und halbiert
2 große Möhren, geschält und längs aufgeschnitten (je vier Streifen)
4 große, grobe Würfel frischer Kürbis, mit Schale (insgesamt etwa 300–350 g)
1 Bund glatte Petersilie
Blätter von einem Stangensellerie
1 TL Oregano
1,5 l Wasser
1 Eigelb
Öl, Salz und frischer Koriander

Die Kartoffeln halbieren, in eine große Schüssel mit kaltem Wasser geben, Kürbis, Möhre und Sellerieblätter dazugeben. Die Hühnchenstücke säubern, wenn man will, enthäuten. In einem großen Topf in etwas Öl anbraten. Die Zwiebel zugeben, kurz durchbraten. Wasser auffüllen, salzen (man kann auch etwas Hühnerbrühe zugeben), Oregano einstreuen. Jetzt Sellerieblätter, Knoblauchzehe und die Kartoffeln zufügen, etwa 10 Minuten leicht kochen. Reis, Möhren und Kürbis zugeben, 15 Minuten weiterkochen. Noch etwas durchziehen lassen. Den Knoblauch entfernen. Auf großen tiefen Tellern oder in Schüsseln servieren. Vor dem Auffüllen der Brühe das Eigelb unterziehen. Mit gehacktem Koriander bestreuen.

Cazuela

Die *Cazuela,* eines der wohl traditionellsten Gerichte der chilenischen Volksküche, wird sowohl mit Rindfleisch als auch mit Schweine- oder Hammel-, Hühner- oder Putenfleisch zubereitet. Ihre Geschichte geht auf Zubereitungen der indianischen Eingeborenen zurück, weist aber auch Einflüsse der spanischen Küche auf. Bei der Zubereitung kann man seiner Phantasie freien Lauf lassen und die Zutaten je nach Geschmack variieren.

Die folgenden Zusammenstellungen sind die in Chile typischsten:

Kartoffeln: immer und unbedingt!

Zwiebeln: immer und unbedingt!

Möhren: zu Huhn, Rind und Hammel

Grüne Bohnen: zu Huhn, Rind und Hammel

Reis: zu Huhn, Rind und Hammel (sparsam, sonst wird die Suppe breiig!)

Kürbis: zu Rind und Schwein (große, grobe Würfel, mit Schale)

Mais: zu Rind (Kolben in dicke Scheiben geschnitten)

Chuchoca (grobes Maismehl): zu Pute und Schwein

Knoblauch: zu Rind und Schwein

Paprika: zu Rind und Hammel

Thymian: zu Huhn und Hammel

Oregano: zu Schwein

Walnüsse (grob gemahlen): zu Pute (statt Maismehl)

Eigelb: zu Huhn

Die *Cazuela* wird in großen, tiefen Tellern (am besten Keramik) sehr heiß serviert. Gegessen werden zuerst das Fleisch, die Kartoffeln und das grobe Gemüse (auf einem extra Teller), die Suppe wird zum Schluss gelöffelt.

Caldillo de machas al Chardonnay

MUSCHELSUPPE MIT CHARDONNAY

NEUE CHILENISCHE KÜCHE

4 Portionen

500 g *Machas* (Kamm-Muscheln) aus der Dose (ersatzweise andere Muscheln)

1,5 l Fischbrühe (selbst gemachte oder Fischfond), die Flüssigkeit aus der Konserve können Sie mit verwenden

Öl

1 zerdrückte Knoblauchzehe

1 kleine, in feine Ringe geschnittene Zwiebel

1 mittelgroße Möhre, in feinen Scheiben

4 Kartoffeln, geschält und halbiert

1 TL Oregano

1 TL Chilipulver

1 Glas Chardonnay

Salz und Pfeffer

Koriander

In einem großen Topf Zwiebel, Möhre und Knoblauch im Öl goldgelb anbraten. Mit dem Wein ablöschen und die heiße Brühe zufügen. Die Kartoffeln zugeben und bissfest kochen. Mit Salz, Pfeffer und Oregano würzen, die Muscheln zugeben und nochmals 5 Minuten erhitzen. Koriander aufstreuen und heiß servieren.

Cazuela de vacuno

RINDFLEISCHEINTOPF

TRADITIONELL

6 Portionen

2 kg Querrippe vom Rind
4 große Kartoffeln
750 g Kürbis
300 g grüne Bohnen
1 große Möhre
1/2 rote Paprikaschote
2 Maiskolben
1 kleine Zwiebel
2 Porrestangen
3 EL Reis
2 Knoblauchzehen
1 TL Oregano
1 Zweig Thymian
1/2 Bund glatte Petersilie
Salz und Pfefferkörner

Die Kartoffeln schälen und in eine große Schüssel mit kaltem Wasser geben, dazu den geschälten, in 6 Stücke geschnittenen Kürbis, Möhre und Paprika in breiten Streifen, die in je drei Stücke geschnittenen Maiskolben und Porreestangen und die grünen Bohnen (ohne Fäden und Spitzen). Das Fleisch in 6 Portionen teilen und in einem sehr großen Topf (die anderen Zutaten kommen dann dazu) in 1,5 l Wasser mit den Gewürzen weich kochen. Dann in dieser Reihenfolge zugeben und zwischendurch jeweils 5 Minuten kochen lassen: Paprika und Möhre, Kartoffeln und Reis, Mais, grüne Bohnen und Kürbis. Nochmals 15 Minuten kochen und heiß servieren. Frische Petersilie sollte auf dem Tisch stehen.

Charquicán

EINTOPFGERICHT DER MAPUCHE-INDIANER

TRADITIONELL

4 große oder 6 kleinere Portionen

400 g Rindfleisch (Kochfleisch)
1,5 l Wasser
100 g *Charqui* (s. S. 151 getrocknetes Fleisch, ersatzweise Fleischkonzentrat, salzlos)
1 große Zwiebel
12 kleine Kartoffeln
5 mittelgroße Möhren
300 g frischer Kürbis
2 Süßmaiskolben
2 große Handvoll grüne Bohnen
1 Knoblauchzehe
2 EL rote, gemahlene Chilischote oder 1TL getrocknete, gemahlene Chili
1 TL Kreuzkümmelpulver
1 TL Oregano
1 TL Pfeffersauce (oder Tabasco)
2 EL Öl
Salz
4 (6) Eier

Das Fleisch in Stücke schneiden (2 cm lang, je 1 cm breit und dick) und in dem Wasser weich kochen. Schaum abschöpfen. Kartoffeln, Möhren und Kürbis schälen und in gleich große, grobe Stücke schneiden. Diese in einem fest geschlossenen Topf (optimal in einem Dampfeinsatz) über 2 bis 3 Glas Wasser im Dampf garen. Nach etwa 10 Minuten die Maiskörner und grünen Bohnen zugeben. Das Gemüse soll bissfest bleiben.

Die gemahlene Chilischote mit der fein geschnittenen Zwiebel und dem Knoblauch in Öl glasig dünsten. Die Fleischstücke und den *Charqui* sowie die restlichen Gewürze zugeben, 3/4 l des Fleischkochwassers hinzufügen und langsam kochen lassen, bis eine klare Sauce entsteht. Weitere 10 Minuten ziehen lassen. Das gare Gemüse mit einem Schaumlöffel vorsichtig in einen sauberen Topf geben, die Fleischsauce darübergießen und vorsichtig unterheben. Das Gemüse darf nicht breiig werden! 5 Minuten ziehen lassen und heiß servieren.

Nach Geschmack mit einem frischen Spiegelei darüber auf jedem Teller anrichten. Auch Essig-Perlzwiebeln passen gut zu diesem Gericht.

Valdiviano

EINTOPFGERICHT

TRADITIONELL

4 Portionen

1,5 l Wasser

250 g *Charqui*

4 EL Öl oder Schmalz

4 mittelgroße, in dünne Scheiben geschnittene Zwiebeln

1 TL Chilipilver

1 TL Oregano

1 Prise gemahlener Kreuzkümmel *(Comino)*

2 grüne, scharfe Pfefferschoten, ohne Kerne, halbiert

Saft einer halben Zitrone (oder besser einer sauren Orange)

6 Eier

1 Fleischbrühwürfel

1 EL gehackte glatte Petersilie

Den *Charqui* für 10 Minuten in den heißen Backofen legen, danach mit dem Fleischklopfer bearbeiten, bis sich die Fleischfasern trennen. Die Zwiebel in einem Topf in etwas Öl oder Schmalz glasig dünsten, den *Charqui*, Chilipulver, Oregano und Kreuzkümmel zufügen. Das Wasser mit dem Brühwürfel aufkochen. Den Inhalt des Topfs dazugeben. 1 Stunde bei halbbedecktem Topf leicht kochen lassen. Nun die Pfefferschoten und die Petersilie sowie den Zitronensaft (Orangensaft) dazu geben. Die Eier aufschlagen und vorsichtig in die Suppe gleiten lassen (das Eigelb sollte intakt bleiben). Eventuell nachsalzen. Durchziehen lassen, damit das Ei stockt, und sehr heiß mit der frischen Petersilie bestreut servieren.

Charqui

Das Wort *Charqui* stammt aus dem Quechua und ist als *Jerkey* ins Englische integriert worden. In Südamerika wird das Trockenfleisch nicht mariniert, sondern vor dem Trocknen nur gesalzen. Ursprünglich wurde *Charqui* aus Lama- und Pferdefleisch hergestellt, heute aber zunehmend aus Rind. In Deutschland wird es als »Beef Jerkey« in Supermärkten angeboten oder kann über das Internet bestellt werden. Es ist – statt Fleischextrakt verwendet – ein wunderbares Würzmittel und Grundbestandteil des chilenischen *Valdiviano.*

Lentejas a la chilena

CHILENISCHE LINSENSUPPE

TRADITIONELL

6 Portionen

500 g gelbe Linsen
2 l Wasser
2 EL fein gewürfelte Zwiebel
1 EL Chilipulver, in reichlich Öl angeschwitzt
1 EL Mehl
100 ml Fleischbrühe
4 EL geriebener Käse
1 EL Butter
2 Eigelb
geröstete Brotwürfel, nach Geschmack
1 Knoblauchzehe
Salz und Pfeffer
3 hart gekochte Eier

Die Linsen über Nacht in Wasser einweichen. Im Einweichwasser weich kochen. Erst danach Salz, Pfeffer und die Knoblauchzehe zugeben. Die Zwiebelwürfel in dem Chiliöl anbraten und die Hälfte davon unter die Linsen mischen. Das Ganze in eine Pfanne geben. Jetzt die andere Hälfte des Zwiebel-Öls mit dem Mehl vermischen und unterrühren. Den Käse und das Eigelb unterziehen. Bei kleiner Hitze etwa 15 Minuten ziehen lassen.

Jeden Teller vor dem Servieren mit Reibekäse bestreuen und mit Eierscheiben garnieren, nach Geschmack noch geröstete Brotwürfel dazu reichen.

Conejo en cerveza

KANINCHEN IN BIERSAUCE

TRADITIONELL

4 Portionen

1 Kaninchen
200 ml Essig
3 EL Butter
1 EL Öl
4 kleine, geviertelte Zwiebeln
2 Möhren, in je 8 Scheiben geschnitten
1 Streifen Speck
1 EL Mehl
1 Lorbeerblatt
1 Zweig Thymian
6 Stängel glatte Petersilie
1 EL Zucker
1 TL Senf
300 ml Bier
1 Zucchini, in Scheiben
Salz und Pfeffer

Das Kaninchen am Vortag in Essigwasser einlegen. Gut abtrocknen, zerteilen, salzen und pfeffern.
In einem Bräter Butter und Öl erhitzen, Zwiebel, Möhre und Speck 5 Minuten bei schwacher Hitze anbraten. Mit einem Schaumlöffel die Zutaten herausnehmen und nun das Kaninchenfleisch von jeder Seite 10 Minuten braten. Mehl, Kräuter, Zucker, Senf und Bier vermischen und dazugeben. Gut verrühren und bei geschlossenem Topf für 1 1/2 bis 2 Stunden bei schwacher Hitze im Backofen garen. 1/2 Stunde vor Ende der Kochzeit die Zucchini-Scheiben dazugeben und untermischen.

Porotos a la chilena

CHILENISCHE BOHNENSUPPE

TRADITIONELL

4 Portionen

1/2 kg trockene Bohnenkerne (am Abend zuvor in einem großen Topf in reichlich Wasser mit 1 TL Natronpulver einweichen)

1/2 TL Pfeffer

1/2 TL Oregano

1 1/2 TL Salz

1 EL Schweinefett

1 EL Öl

1 Bund fein geschnittene Frühlingszwiebeln

1 mittelgroße, feingehackte Zwiebel

2 Knoblauchzehen, gehackt

1 TL Pfeffersauce (Tabasco)

250 g geräucherte Rinder- oder Schweinemettwurst in Würfeln oder Scheiben

150 g Spaghetti nach Geschmack

Die Bohnen im Einweichwasser (die Flüssigkeit soll etwa 5 cm über den Bohnen stehen; evtl. Wasser nachfüllen) mit dem Pfeffer, Oregano und Salz kochen. Schaum abschöpfen. Öl und Fett erhitzen, darin die Mettwurst, Frühlingszwiebeln, den Knoblauch und die Zwiebel anrösten. Wenn eine leichte Bräunung einsetzt, die Pfeffersauce zugeben. Zu den kochenden Bohnen zufügen. Garen, bis die Bohnen weich sind (insgesamt etwa 30 bis 40 Minuten). Die Suppe sollte nicht zu dickflüssig sein. Wer möchte, kann 15 Minuten vor Ende der Garzeit 150 g Spaghetti – auf 5 cm Länge gebrochen – dazu geben. Dann heißt das Gericht *Porotos con Rienda* (Bohnen mit Zügeln).

Conejo a la cazadora

KANINCHENBRATEN

TRADITIONELL

6 Portionen

12 Kaninchenschenkel
2 große Zwiebeln, in dünne Scheiben geschnitten
1 kg gewürfelte Tomaten
30 g frische Champignons, geviertelt
100 g Trockenpilze
80 g frische, gehackte, glatte Petersilie
6 Knoblauchzehen
700 ml trockener Weißwein
100 g Mehl
1 TL frischer Salbei
1 TL Thymian
3 Lorbeerblätter
1 TL Salz, 1 Prise Pfeffer
70 ml Pflanzenöl
200 ml Weißweinessig

Am Vortag das Fleisch gut waschen und in 1 l Wasser mit dem Essig einlegen. Die Trockenpilze mindestens 1 Stunde vor der Zubereitung in Wasser einweichen. Das Fleisch abspülen und abtrocknen. In einem großen Tiegel in Öl kurz rundum anbraten. Das Fleisch in einen großen Metallbräter legen, das Mehl darüberstreuen, Zwiebelringe, Knoblauchzehen und Tomatenwürfel zugeben. Alles vermischen. Nun den Wein, Salz, Pfeffer, Lorbeer, Salbei und Thymian zufügen und 50 Minuten leicht köcheln lassen. Dann die Champignons und die zuvor abgegossenen Trockenpilze unterrühren und weitere 10 Minuten kochen. Zum Schluss nochmals abschmecken und vor dem Servieren mit der Petersilie bestreuen.

Medallones de res en salsa de Merlot

RINDSMEDAILLONS IN MERLOT-SAUCE

NEUE CHILENISCHE KÜCHE

4 Portionen

4 Rindsmedaillons, je 200 g
Öl
Salz
2 Gläser Merlot
300 g Heidelbeeren

Die Heidelbeeren für 2 Stunden im Backofen bei ganz leichter Hitze (max. 50 °C) garen. In einem Mörser zerreiben. Das Fleisch salzen und in heißem Öl kurz von allen Seiten anbraten. In eine feuerfeste Form geben und den Wein darüber gießen. Für 20 Minuten bei 150 °C im Backofen garen. Die Medaillons warm stellen, das Beerenmus unter die Rotweinsauce ziehen, abschmecken, das Fleisch einlegen und vor dem Servieren erneut kurz erwärmen.

Pechuga de pato con salsa de berries

ENTENBRUST IN BEERENSAUCE

NEUE CHILENISCHE KÜCHE

6 Portionen

6 Portionen Entenbrust, je 200 g
3 EL Öl
400 g frische Beeren (Heidelbeeren, Preiselbeeren, Brombeeren)
200 ml Portwein
1 EL Balsamico
200 g sehr kalte Butter, in Stücke geschnitten
Salz und frisch gemahlener Pfeffer

Die Fleischstücke in der Mitte horizontal einschneiden. Salzen und pfeffern. In einer gusseisernen Pfanne das Öl erhitzen und das Fleisch mit dem Fett nach unten einlegen. Goldbraun braten (aufpassen, dass das Fleisch nicht anbrennt). Auf ein vorgewärmtes Backblech geben, diesmal mit der Fettschicht nach oben. Im Backofen bei 150 °C etwa 10 Minuten garen. Inzwischen in derselben Bratpfanne im verbliebenen Bratfett die Beeren 5 Minuten anrösten. Portwein und Essig zugeben, die Flüssigkeit einkochen lassen. Mit Salz und Pfeffer abschmecken. Bei geringer Hitze die Butterstückchen dazu geben und rühren, bis die Butter geschmolzen ist. Das Fleisch mit der Beerensauce servieren.

Lengua nogada

ZUNGE MIT WALNÜSSEN

TRADITIONELL

Zunge ist auch in Chile kein allzu verbreitetes Gericht. Das folgende Rezept, mit deutlich klassisch-französischem Einfluss, zählt jedoch zu den traditionellsten der südchilenischen Küche – und ist überraschend wohlschmeckend!

8 Portionen

1 Rinderzunge
2 EL Butter
2 EL Mehl
1/2 l Milch
250 g gemahlene Walnüsse
250 g milder Schnittkäse, sehr fein gerieben
Salz und Pfeffer
8 hart gekochte Eier

Die Zunge waschen, weich kochen, unter kaltem Wasser abspülen und sofort abziehen. In schmale Streifen schneiden und beiseite stellen. Aus der Butter, dem Mehl und der Milch eine helle Sauce bereiten. Nüsse und Käse zufügen, mit Salz und Pfeffer abschmecken und leicht ziehen lassen, damit die Sauce den Nussgeschmack annimmt. Ab und an umrühren. Die Zunge einlegen. Nochmals ziehen lassen und mit je einem Ei, Salzkartoffeln und grünem Salat reichen.

Pastel de choclo

MAISAUFLAUF

TRADITIONELL

6 Portionen

6 Maiskolben
50 g Rosinen (in Wasser eingeweicht)
1 kg Rinderhackfleisch
2 klein geschnittene Zwiebeln
1 TL Paprikapulver
1 TL Chilipulver
1 TL Kreuzkümmelpulver *(Comino)*
60 g schwarze Oliven
3 hart gekochte Eier in dicken Scheiben
1 1/2 kg Hühnerfleisch, gekocht
2 1/2 TL Milch
2 1/2 TL Zucker
Öl, Salz und Pfeffer

Das Hackfleisch in Öl anbraten und die Zwiebeln, die abgetropften Rosinen, das Paprika- und Chilipulver, den Kümmel, Salz und Pfeffer hinzugeben. Ohne Deckel ca. 15 Minuten leicht kochen. Alles in eine große Auflaufform geben und die Oliven darauf verteilen. Das Hühnerfleisch in mundgerechte Stücke schneiden und auf dem Hackfleisch und den Oliven verteilen, dann die Eierscheiben auflegen. Die Auflaufform im Backofen bei ca. 120 °C warm halten. Die Körner von den Maiskolben mit einer Gurkenreibe abhobeln und mit der Milch zu einem Püree verarbeiten. Dieses in einen Topf geben, etwas Öl dazu geben und unter ständigem Rühren kochen, bis es nicht mehr milchig ist (Achtung: Es brennt leicht an!). Zuerst das Fleisch, dann das Püree gleichmäßig in der Auflaufform verteilen, mit Zucker bestreuen und im Backofen bei 180 °C ca. 30 Minuten backen. Danach die Temperatur auf 220 °C erhöhen und nochmals 10 Minuten backen. Heiß in der Form servieren.

Choclo – Mais

Die Wiege der Maispflanze – heute in Bezug auf den weltweiten Verbrauch von Lebensmitteln an dritter Stelle – steht in Amerika. Hier war der Mais jedoch nicht nur Nahrung, sondern er wurde von verschiedenen indianischen Kulturen auch als »Ursprung des Lebens« verehrt. Im Jahr 1492 entdeckten Begleiter von Kolumbus auf Kuba die ersten Pflanzungen, später auf dem gesamten Kontinent, von Kanada bis Südchile. Dabei sind die damals angebauten Pflanzen, von den Spaniern auch »Indianermais« genannt, nicht mit den heutigen Zuckermaissorten zu vergleichen; ihre Körner waren hart und mussten gemahlen oder lange eingeweicht werden, um genießbar zu werden. Erst gegen Ende des 19. Jahrhunderts wurden Sorten mit weicheren, saftigeren und süßen Körnern gezüchtet, deren Samen seit 1920 gehandelt werden und sich seither in alle Welt verbreitet haben. Die Zubereitungsarten sind außerordentlich vielfältig, ob als Salat, als Gemüsebeilage, als Cremesuppe, Brei oder Beigabe zu Eintöpfen – um nur einige Beispiele zu nennen. Allein schon der Gedanke an einen frisch gekochten, zarten Maiskolben, heiß mit Butter bestrichen und etwas Salz bestreut, lässt das Wasser im Mund zusammenlaufen!

Humitas

MAISPÄCKCHEN

TRADITIONELL

8–10 Portionen

12 große Maiskolben mit möglichst fehlerlosen Blättern

1 große gewürfelte Zwiebel

2 EL Schweineschmalz

1 Zweig Basilikum, gehackt (sonst 1 1/2 TL getrocknetes Basilikum)

2 grüne Pfefferschoten, entkernt und fein geschnitten

1/4 l Milch

1 EL Chilipulver

1/4 TL schwarzer, gemahlener Pfeffer

1 1/2 TL Salz

Das Ende des Maiskolbens mit einem großen Messer abschneiden und die Blätter vorsichtig lösen. Breite, fehlerlose Blätter aussuchen und gut waschen. Die Kolben in Ringe schneiden und die Körner entfernen, durch den Fleischwolf (Feineinstellung) drehen und in einen Topf geben. Die Zwiebelwürfelchen im Schmalz glasig dünsten, die entkernten, fein geschnittenen Pfefferschoten, Salz, Pfeffer und das gehackte Basilikum zufügen. Mit der Milch und dem Mais vermischen. Es soll ein dicker Brei entstehen; falls nötig, noch etwas mehr Milch zugeben. Immer 2 Maisblätter nebeneinander legen, die Ränder sollten überlappen, Maisbrei darauf geben und durch Einschlagen der Seiten sowie der oberen und unteren Blattenden kleine »Päckchen« herstellen Diese werden mit Streifen von anderen Maisblättern wie mit einem Gürtel zugebunden. Die Form ähnelt nun der einer »Fliege« *(Humita)*. In einem großen Topf mit kochendem Salzwasser 1 Stunde kochen. Die *Humitas* werden mit den Blättern serviert und am Tisch aufgewickelt. Dazu schmeckt frischer Tomaten-Zwiebel-Salat mit Koriander und glatter Petersilie.

Ajíaco

EINTOPFGERICHT

TRADITIONELL

4 Portionen

500 g Rindfleisch
8 mittelgroße Kartoffeln
1 fein geschnittene Zwiebel
1 EL rotes Chilipulver, in 3 EL heißem Öl anschwenken *(ají de color)*
scharfer Pfeffer, Oregano, Salz
2 hart gekochte Eier
gehackte glatte Petersilie

Das Fleisch in 5 cm lange, schmale Stücke schneiden, mit Salz bestreuen und ohne Fett in einer beschichteten Pfanne anbraten, bis der Saft austritt. Die Kartoffeln mit der Schale weich kochen, schälen und reiben. Die Zwiebel in dem Öl mit dem Pfefferpulver anschwitzen, die Kartoffelmasse zugeben und Wasser auffüllen, bis das Ganze die Konsistenz einer dicklichen Suppe hat. Den Fleischsaft hinzufügen. Das Fleisch dazugeben, 10 Minuten bei leichter Hitze ziehen lassen. Beim Servieren mit Eierscheiben und Petersilie dekorieren.

Mero con salsa de sésamo y puré de hierbas

ZACKENBARSCH IN SESAMSAUCE MIT KRÄUTERPÜREE

NEUE CHILENISCHE KÜCHE

4 Portionen

4 EL Öl

400 g Zackenbarsch (ersatzweise Rotbarsch)

Salz und Pfeffer

4 EL Butter

2 TL Sesamsamen

1 EL trockener Weißwein

1 TL Currypulver

2 EL fein gehackte, glatte Petersilie

1 TL fein gehackter frischer Oregano

1 TL fein gehackter frischer Rosmarin

600 g Kartoffelpüree

Die Fischfilets salzen und pfeffern und im Backofen bei 180 °C 20 Minuten in Öl garen. Inzwischen in einer Pfanne die Butter erhitzen. Wein, Sesam und Curry zufügen und kurz aufkochen, ohne dass die Butter braun wird. Beiseite stellen. Das Kartoffelpüree mit den Kräutern gut vermischen und in einem Topf sehr vorsichtig erhitzen. Mit einem scharfen Messer die Fischfilets in 1 cm dicke Scheiben schneiden. Auf Teller verteilen, die Sauce zugeben und auf dem Püree servieren.

Tomaticán

INDIANISCHES EINTOPFGERICHT

TRADITIONELL

6 Portionen

- 350 g Hüftstück vom Rind (Rumpsteak), in schmale, längliche Stückchen geschnitten
- 350 g Maiskörner
- 6 große geschälte, grob gewürfelte Tomaten
- 3 große Zwiebeln, halbiert und in Scheiben geschnitten
- 125 ml Öl
- 2 grüne, kleingeschnittene Chilischoten, ohne Kerne
- 6 große Kartoffeln
- 1/2 TL Pfeffer
- 1 TL Oregano
- 1 TL Chilipulver
- 1 TL Salz
- glatte Petersilie

Die Zwiebel in etwas Öl schnell goldbraun anbraten. In einem großen Topf das Fleisch in Öl anbraten, die Tomaten mit den Gewürzen zugeben und andünsten, bis sie leicht zerkochen. Zwiebelringe, Pfefferschoten und Mais zufügen und weitere 10 Minuten kochen lassen. Auf dem Teller mit je einer gekochten Kartoffel servieren und mit gehackter Petersilie bestreuen.

Caldo de choritos

MIESMUSCHELTOPF

TRADITIONELL

6 Portionen

2,5 kg frische Miesmuscheln mit Schale

5 EL Butter

1 kleine, gehackte Zwiebel

1 Bund gehackter Schnittlauch

200 ml Weißwein

1 Bund gehackte glatte Petersilie

1 Lorbeerblatt

1/2 TL Thymian

200 ml Sahne

2 Eigelbe

Die Muscheln gut waschen und abbürsten. In einem hohen Topf die Butter zerlassen und darin Zwiebel und Schnittlauch 10 Minuten bei kleiner Hitze andünsten. Muscheln, Wein, Petersilie, Lorbeer und Thymian dazu geben. Den Topf zudecken und 5 Minuten stark kochen, bis sich die Muscheln öffnen. Vom Ofen nehmen, etwas abkühlen lassen und die Muscheln öffnen. Jeweils nur die halbe Schale mit der daran haftenden Muschel zurück in den Topf geben, ebenso die Muscheln, die sich komplett von der Schale gelöst haben. Erhitzen, aber nicht zum Kochen bringen. Die Sahne mit dem Eigelb gut verrühren und unterziehen. Mit Knoblauchbrot servieren.

Spaghetti con frutos del mar

SPAGHETTI MIT MEERESFRÜCHTEN

NEUE CHILENISCHE KÜCHE

4–6 Portionen

800 g frische Shrimps, Miesmuscheln und/oder Krebsfleisch (ersatzweise aus der Konserve)

80 ml Olivenöl

1/4 TL Safranpulver

2 zerstoßene Knoblauchzehen

125 g fein gehackter Porree

120 ml Weißwein

Salz und Pfeffer

1/2 fein gehackte Chilischote

1 EL Butter

1 EL gehackte, glatte Petersilie

500 g Spaghetti

Die frischen Meeresfrüchten in 125 ml kochendem Wasser kurz aufkochen. Bei Verwendung von Produkten aus der Konserve die Meeresfrüchte nicht kochen. Ein Sieb mit Küchenpapier auslegen und das Koch-(oder Konserven-)wasser in einen Topf filtern. Öl, Safran, Knoblauch, Porree und Wein zugeben und bei großer Hitze auf die Hälfte reduzieren. Mit Salz, Pfeffer und Chilischote würzen. Nun Butter und Petersilie dazu geben und eine Minute unter Rühren kochen. Die Meeresfrüchte zugeben, zudecken und beiseite stellen.
Die Spaghetti in Salzwasser bissfest kochen. Abgießen und in einer Schüssel mit den Meeresfrüchten sofort heiß servieren.

Schätze aus dem Wasser

Lange galt Lachs als echte Delikatesse, die sich kaum ein Chilene leisten konnte. Es sei denn, er fing selbst Wildlachse – in den Seen und Wildflüssen im Süden und in Patagonien. Doch längst hat der Zuchtlachs den Markt erobert. Weltweit gehört Chile, das erstmals 1974 Lachs exportierte, neben Norwegen, Kanada und Schottland zu den Weltmarktführern. Gezüchtet wird in Südchile: in der X. (auch auf Chiloe) und XI. Region. Die Lachsindustrie hat, neben negativen Effekten (wie z.B. Wasserverschmutzung), Arbeitsplätze und Wohlstand in ärmere Regionen gebracht. Große Mengen sind für den Export bestimmt. Doch auch die Chilenen essen mehr und mehr Lachs: als Räucherlachs, in Vorspeisen-Variationen, gebacken, *a la plancha* (gebraten) oder als *Cebiche* (mariniert). Selbst für die Haut der Zuchtlachse hat man Verwendung gefunden: Fantasievolle Kunsthandwerker fabrizieren daraus Gürtel, Taschen, Brieftaschen und sogar Kleidungsstücke.

Salmón »con chispa«

LACHS IN SEKT

NEUE CHILENISCHE KÜCHE

4 Portionen

240 ml trockener Sekt

1/4 l Fischbrühe

1 Stangensellerie, gehackt, mit dem Grün

1 kleine, fein gehackte Zwiebel

2 feste Tomaten, geschält und fein gehackt

2 Lorbeerblätter

4 Lachsfilets, je 200 g

60 ml Sahne

1 TL Zitronensaft

1 Avocado, geschält und püriert

1 Bund frische Bunnenkresse, gehackt

2 EL fein gehackte rote Paprikaschote

2 EL fein gehackter Schnittlauch

Den Backofen auf 180 °C vorheizen. In einem Topf den Sekt, die Fischbrühe, Stangensellerie, Tomaten, Zwiebel und Lorbeer 15 Minuten kochen. Durch ein Sieb gießen und die klare Flüssigkeit beiseite stellen. Feste Reste entfernen. Die Lachsfilets auf einem tiefen Backblech anrichten, mit der Flüssigkeit begießen, mit Alufolie verschließen und 15 Minuten im Backofen garen. Auf einem großen Teller mit Folie bedeckt abkühlen lassen. Die Flüssigkeit durch ein Sieb in einen Topf abgießen und auf kleiner Flamme bis auf 1/4 l reduzieren. Den Topf vom Ofen nehmen, Sahne, Avocadopüree und Zitronensaft unterrühren. Abkühlen lassen und beiseite stellen.

Die Lachsfilets auf flachen Tellern anrichten, die gehackte Brunnenkresse und Paprikaschote darüberstreuen. Mit Sauce übergießen und kalt servieren.

Chuletas de cordero

HAMMELKOTELLETS

NEUE CHILENISCHE KÜCHE

4 Portionen

4 Knoblauchzehen (eine halbiert, 3 fein gehackt)
Olivenöl
Salz und Pfeffer
1 EL frischer Thymian, fein gehackt
2 Zwiebeln, in dünne Scheiben geschnitten
5 Tomaten, in Scheiben geschnitten
160 ml Chardonnay oder anderer trockener Weißwein
12 Hammelkotelletts

Den Backofen auf 250 °C vorheizen. Eine große feuerfeste Form oder Pfanne mit den Knoblauchhälften abreiben und etwas Öl hineingeben. Die Zwiebelscheiben hineinlegen, Salz, Pfeffer, Thymian und gehackten Knoblauch aufstreuen, jetzt die Tomatenscheiben darauf verteilen, ebenso würzen. Den Wein und noch etwas Öl angießen. Die Koteletts mit Salz, Pfeffer und dem restlichen Thymian würzen, dann auf das Gemüse legen (idealerweise auf ein Metallgitter). 25 Minuten im Backofen garen lassen. Dann das Fleisch mit Alufolie bedeckt 10 Minuten ruhen lassen. Mit dem Gemüse servieren.

Hammelbraten auf patagonische Art

Die Hammel werden an Holzfeuern geröstet, jedoch nicht wie gewohnt horizontal am Spieß, sondern aufgerichtet, 4 bis 5 Stunden lang in einer bestimmten Entfernung von der Glut. Die *Gauchos* der patagonischen Pampa haben nicht selten Gebiete von über 25 000 Hektar zu kontrollieren. Mit der Methode des »stehenden Garnes« finden sie nach ihrer Rückkehr zum Rastplatz den Braten fertig, saftig und zart vor.

Compota de frutas secas

TROCKENFRÜCHTE IN WEIN

NEUE CHILENISCHE KÜCHE

6 Portionen

2 Beutel Kamillentee

480 ml kochendes Wasser

750 ml Weißwein (Chardonnay)

100 g Zucker

80 ml Orangensaft

60 ml weißer Rum

2 EL Zitronensaft

500 ml gemischte Trockenfrüchte (Pflaumen, Feigen, Aprikosen, Rosinen)

125 g Mandelstifte

1 Stück Zimtrinde

1 Messerspitze Muskatpulver

Zimtstange und Sternanis zum Dekorieren

Die Teebeutel 4 Minuten in dem kochenden Wasser ziehen lassen, herausnehmen. Den Aufguss in einen Topf gießen und alle Zutaten (bis auf die Dekoration) zugeben. Aufkochen, abkühlen lassen. In Kompottschälchen servieren.

Peras borrachas

»BETRUNKENE BIRNEN«

TRADITIONELL

6 Portionen
3 große, feste Birnen
2 EL Zucker
1 kleines Stück Zimtstange
300 ml Rotwein
1/4 l Schlagsahne

Die Birnen schälen, längs vierteln und Kerngehäuse entfernen. Die Birnenviertel in einen Topf geben, Zucker und Zimtstange dazugeben und den Wein aufgießen. Im zugedeckten Topf 20 Minuten bei kleiner Hitze ziehen lassen. Abkühlen lassen und mit Schlagsahne garniert servieren.

Fritos de manzanas

GEBACKENE ÄPFEL

TRADITIONELL

4–6 Portionen
4 große Äpfel
200 ml Milch
1 EL Mehl
1 Ei
2 EL Puderzucker
Öl zum Frittieren
Puderzucker zum Bestreuen

Äpfel schälen, Kerngehäuse ausstechen und in je 3 dicke Ringe schneiden. Milch, Mehl, Ei und Puderzucker zu einem dünnflüssigen Teig verrühren, die Apfelscheiben darin wenden und in sehr heißem Öl ausbacken. Mit Puderzucker bestreuen und warm servieren.

Helado de miel

HONIG-EIS

NEUE CHILENISCHE KÜCHE

5 Portionen

480 ml flüssige Sahne
240 ml Milch
2 Eier
185 ml flüssiger Bienenhonig
Honig, Mandelsplitter oder geröstete Sesamsamen zum Dekorieren

Milch und Sahne mischen, zum Kochen bringen und beiseite stellen. Die Eier mit dem Honig gut mixen. Unter weiterem Schlagen die heiße Milch-Sahne-Mischung unterziehen. In einen Topf geben und bei schwacher Hitze unter Rühren auf etwa 70 Grad erhitzen (Achtung – nicht kochen!). Durch ein feines Sieb streichen und in einem Metallbehälter, bedeckt mit Folie, mindestens 4 Stunden ins Gefrierfach stellen. Dann im Mixer cremig rühren und bis zum Servieren erneut in den Gefrierschrank stellen. Mit Mandelsplittern oder Sesam bestreuen und mit etwas flüssigem Honig servieren.

Chiloé

Mit einer Nord-Süd-Ausdehnung von 180 km und einer maximalen Breite von 50 km ist die Insel Chiloé in der X. Region des Landes von der Größe her mit Korsika vergleichbar, allerdings erinnern das Klima und die sanft gewellte Oberfläche eher an Irland. Eigentlich ist Chiloé ein Archipel, zu dem die große Isla Grande de Chiloé sowie im Osten vorgelagerte Inseln gehören. Als der Spanier Martín Ruiz de Gamboa im Jahr 1567 die Insel vor Chiles südlicher Pazifikküste in Besitz genommen hatte, vermischten sich die weißen Siedler bald mit den indianischen Ureinwohnern. Auf der von Jesuiten christianisierten Insel entstanden kleine Dörfer und Gemeinden. Im nur dünn besiedelten Westen befindet sich heute der Nationalpark Chiloé. Hier, wo sich die südlichsten Ausläufer der Küstenkordillere nur noch auf knapp 1 000 Meter Höhe erheben, sind Reste der nahezu verschwundenen Wälder erhalten geblieben.

Typisch für Chiloé – das indianische Wort *chilihue* bedeutet »Möwenland« – sind die kunstvoll mit Schindeln verkleideten Kirchen aus Lärchenholz, die Pfahlbauten am Ufer des Fjords von Castro und ... der *Curanto*. Diese Spezialität wird schon seit Jahrhunderten zubereitet, und das Rezept hat sich bis heute kaum verändert. Ursprünglich wurden im Erdloch auf mit glühender Holzkohle erhitzten Steinen Fische und Muscheln gegart – heute wird das Mahl eher in umfangreichen Töpfen zubereitet (in diesem Fall heißt es *Pulmai*). Curantoessen ist eine »Gemeinschaftssache«: Hochzeiten, Geburtstage, die Beendigung eines Hausbaus oder Besuch vom Festland sind willkommene Anlässe, um sich in größeren Gruppen dieses Nationalgericht schmecken zu lassen. Als Touristenattraktion wird teilweise sogar (wieder) im Erdloch gekocht! Auf die heißen Steine kommt zuerst eine Schicht der unterschiedlichsten Muschelarten und Fischstücke, darauf Kartoffeln (die auf Chiloé seit Jahrtausenden angebaut werden und von hier nach Europa gekommen sein sollen), Bohnen und Erbsen, geräuchertes Schweinefleisch, Geflügel und Würstchen, die mit großen Blättern, zum Beispiel von Kohl, bedeckt werden. Nasse Säcke und einige Schaufeln Erde übernehmen die Funktion der »Ofentür« und verhindern das Entweichen des Dampfes. Nach ein bis zwei Stunden Garzeit ist das Mahl fertig, und die Umsitzenden langen kräftig zu (s. auch S. 126). *Milcaos* (kleines flaches Gebäck aus geriebenen, rohen Kartoffeln, Mehl und Fett) oder *Chapaleles* (aus Kartoffelbrei, Mehl und Fett gebacken) machen die Runde. Weitere typische Spezialitäten aus dem Möwenland sind Fisch- und Muschelgerichte, Eintöpfe und Aufläufe.

Pollo marinero

DEFTIGER EINTOPF MIT HUHN UND MEERESFRÜCHTEN

TRADITIONELL

6 Portionen

1 Huhn, zerteilt
2,5 kg frische Miesmuscheln *(Cholgas),* mit Schale
2 kg frische Venusmuscheln *(Almejas),* mit Schale
1 geriebene Knoblauchzehe
750 g Rinder- oder Schweinemettwurst, geräuchert
1 mittelgroße Zwiebel, in Scheiben
1/2 l Weißwein
2 EL Öl
1/2 TL Chilisauce (Tabasco)
glatte Petersilie, gehackt
Salz und Pfeffer

Das Fleisch mit Salz, Pfeffer und Knoblauch würzen. Die Muscheln gut waschen. Die Wurst in 6 cm große Stücke schneiden. Das Öl erhitzen, die Chilisauce zugeben und darin die Zwiebel kurz anbraten. Wurst, Huhn und Muscheln (mit ihren Schalen) zugeben, Wein aufgießen und 1/2 Stunde kochen lassen. Mit Petersilie bestreuen und heiß servieren.

Salmón pochado

LACHS IN GEMÜSEBRÜHE

TRADITIONELL

4 Portionen

1 kg Lachsfilet, in vier Portionen
1 Zwiebel, in feine Ringe geschnitten
1 Möhre, in schmale Scheiben geschnitten
200 ml Fischbrühe
1 fein gehackte Knoblauchzehe
120 ml Weißwein
glatte Petersilie
Blätter vom Stangensellerie
Salz und Pfeffer
4 bissfest gekochte Möhren als Dekoration

In eine feuerfeste Form Zwiebelringe, Möhrenscheiben, Wein, Fischbrühe, Knoblauch, Petersilie und Selleriegrün geben. Den Lachs darauf legen und 15 Minuten bei 190 °C im Backofen garen. Heiß servieren und jede Portion mit einer Möhre dekorieren.

Typisch chilenisch

Der Gast nimmt Platz, und zuerst bringt der Kellner, ungefragt, ofenwarmes Brot, Butter und eine Sauce namens *Pebre* – mehr oder weniger scharf zubereitet. Pebre wird in ganz Chile gegessen, ebenso Empanadas, Fleisch vom Holzkohlegrill, Ensalada chilena und Kürbisgebäck. Sehr beliebt in ganz Chile ist auch das Nationalgtränk *Pisco* – vor allem als Aperitif.

Pan amasado

HAUSGEBACKENE BRÖTCHEN

TRADITIONELL

etwa 15–20 Portionen

1 kg Mehl (Weizenmehl oder Weizen- und Vollkornmehl, je zur Hälfte)

1 gestrichener TL Salz

100 g Fett

1/2 l lauwarmes Wasser

25 g frische Hefe

Das Mehl in eine große Schüssel sieben, in der Mitte eine Vertiefung drücken Salz, die in etwas lauwarmem Wasser aufgelöste Hefe, das zerlassene Fett und nach und nach das restliche Wasser zugeben. Einige Minuten lang gut durchkneten. 2 bis 3 Stunden mit einem Tuch bedeckt an einem warmem Ort gehen lassen. Runde, nicht zu große Brötchen formen, jedes mit einer Gabel dreimal einstechen und im vorgeheizten Ofen 15 bis 20 Minuten bei 225 °C backen.

Ensalada chilena

CHILENISCHER SALAT

TRADITIONELL

4–6 Portionen

3 große Tomaten

1 mittelgroße Zwiebel

1 gelbe Chilischote (falls keine gelbe zu bekommen ist, nehmen Sie rote oder grüne)

frischer Koriander

Öl

Salz

Essig

Die Tomaten in Scheiben schneiden, die Zwiebel in dünne Scheiben teilen, die Pfefferschote entkernen und fein hacken. Den Koriander grob schneiden. Alles vermischen. Öl, wenige Tropfen Essig und Salz zufügen. Sofort servieren.

Zapallo – Kürbis

Der Kürbis (in Südamerika *zapallo;* nach *sapallu* in Quechua) steht auf der Liste der Lebensmittel, die in der Alten Welt bis zum 17. Jahrhundert unbekannt waren. Der enge Verwandte von Melone und Gurke war fester Bestandteil der täglichen Nahrung der Inkas, Atzteken und Mayas. Roh gerieben ist das dunkelgelbe Fruchtfleisch eine geschmackliche und farbliche Ergänzung in Rohkostsalaten. Sogar seine Blüten, jungen Blätter und Kerne sind essbar und enthalten wertvolle Vitamine und Mineralstoffe. Bei dem Wort *Kürbis* fällt einem zuerst das große, bis zu über 30 Kilo schwere Exemplar ein, doch ist die Familie weitaus differenzierter, und die kleineren Arten sind nicht weniger schmackhaft.

Sopaipillas

FRITTIERTES GEBÄCK MIT KÜRBIS

TRADITIONELL

etwa 20 Portionen

1 kg Kürbis (entkernt, im Stück)
1 kg Mehl
125 g Fett (Schweineschmalz)
2 TL Salz
Öl zum Frittieren

Den Kürbis mit der Schale für 1 Stunde in den heißen Backofen legen. Er kann auch gekocht werden, dann wird das Fleisch allerdings wässriger und die Mehlmenge muss erhöht werden. Abkühlen lassen, Schale entfernen und pürieren. Das zerlassene Fett, Salz und nach und nach das Mehl zugeben, bis die Feuchtigkeit aufgenommen ist und eine weiche Masse entsteht, die nicht an den Händen klebt.

3 mm dick ausrollen und Scheiben von 6 bis 8 cm Durchmesser ausstechen. Mehrfach mit einer Gabel einstechen. In reichlich heißem Öl ausbacken. Auf Küchenpapier abtropfen lassen und heiß essen – als Beilage zu Eintöpfen, Suppen und Fleischgerichten, aber auch allein, nach Geschmack mit Ketchup oder Pfeffersauce.

Sopaipillas pasadas: Das fertige Gebäck wird mit heißem Sirup (in Chile meist Zuckerrübensirup) überzogen. Diese süße Leckerei ist eine beliebte Nachspeise, vor allem an Regentagen im Winter.

Pollo a la parrilla

HUHN VOM HOLZKOHLEGRILL
TRADITIONELL

6 Portionen

2 kg Huhn (Bruststücke und Schenkel)
1 gut zerdrückte Knoblauchzehe
1 EL Öl
1 TL schwarzer Pfeffer
1 TL Chilisauce (Tabasco)
2 TL Salz
2 Zitronen

Das Fleisch waschen und gut abtrocknen. Knoblauch mit Salz, Öl, Pfeffer, Chilisauce und Zitronensaft mischen. Das Fleisch damit einreiben und 1 Tag im Kühlschrank durchziehen lassen. Auf dem Grill goldbraun braten. Mit Salaten und/oder Dips servieren.

Dieciocho

Der Frühlingsmonat September ist für alle Chilenen von ganz besonderer Bedeutung. Zusammen mit dem fast explosionsartig einsetzendem Grünen und Blühen in Gärten und Parks fällt der *Dieciocho,* der 18. September, Nationalfeiertag (Gründungstag der Republik Chile, 1810) und, abgesehen von Weihnachten, Silvester und Ostern, das Fest des Jahres. Der darauf folgende Tag ist ebenfalls ein Feiertag (Tag der chilenischen Streitkräfte). Bei günstiger »Kalenderlage« steht also ein extrem langes Wochenende ins Haus. Dieses wird dann natürlich dazu genutzt, ausgiebig zu feiern, zu essen und zu trinken. Auf dem Speiseplan steht an erster Stelle der *Asado.* Bei diesem chilenischen Barbecue werden Fleisch und Würstchen über glühender Holzkohle gegrillt. Dabei finden sich dann meist größere Gruppen von Verwandten und Freunden ein, und das Essen kann sich über Stunden hinziehen. Als Beilagen gibt es frische Salate, frische Brötchen und verschiedene Dips, beispielsweise *Pebre* (s. S. 197) Nicht fehlen darf zum Nationalfeiertag die *Empanada* (s. S. 195, 196). Der besseren Verdauung wegen wird dazu meist Rotwein getrunken, doch gehört auch die *Chicha* (s. S. 201) zum *Dieciocho,* ebenso wie der Nationaltanz *Cueca.*

Empanadas de horno

GEFÜLLTE TEIGTASCHENN, GEBACKEN

TRADITIONELL

12–15 Portionen

... für die Füllung:

1 EL Schweineschmalz

500 g Hackfleisch vom Rind

1 EL Paprikapulver

2 TL Kreuzkümmel

2 TL Chilipulver

200 ml Weißwein

2 kg Zwiebeln, fein gewürfelt

1 EL Mehl

2 hart gekochte Eier

Salz, schwarze Oliven

... für den Teig:

1,5 kg Mehl

250 g Schweineschmalz

1/2 l kochendes Salzwasser

1 Schuss Wodka

Eiweiß

Öl

Paprikapulver

Füllung: Schmalz zerlassen. Hackfleisch, Paprika, Kümmel, Salz und Chili gut anbraten, Wein zugießen und bei kleiner Hitze 15 Minuten ziehen lassen. Die Zwiebel unterrühren, mit 200 ml Wasser auffüllen und bei kleiner Hitze garen, bis die Zwiebel weich ist. 1 EL Mehl mit etwas Wasser anrühren und unterziehen. Gut auskühlen lassen.

Teig: Das Mehl in eine Schüssel geben, in der Mitte eine Vertiefung eindrücken Das sehr heiße Schmalz, das kochende Salzwasser und den Alkohol hineingeben. Alles von der Mitte aus zu einem geschmeidigen, weichen Teig verkneten. In einer Plastiktüte aufbewahren, damit er nicht austrocknet. Jeweils eine Handvoll Teig abnehmen, dünn ausrollen, mit einem kleinen Teller markieren und ausradeln. Einen gehäuften EL der Füllung, 1 Olive und 1 Scheibe Ei in die Mitte des Teigstücks geben, die Ränder mit Eiweiß (oder Wasser) bepinseln, halbmondförmig zusammenschlagen und fest schließen. Die Empanadas mit einer Mischung aus 3 EL erwärmten Öl und Paprikapulver bestreichen und auf einem Backblech im vorgeheizten Ofen bei 180 °C goldgelb backen. Heiß servieren.

Empanadas fritas

GEFÜLLTE TEIGTASCHEN, FRITTIERT

TRADITIONELL

12–15 Portionen
500 g Mehl
3 EL Schmalz
110 ml Salzwasser
Öl zum Ausbacken
Eiweiß

Diese Empanadas können mit Schnittkäsewürfeln, Gemüse oder Muscheln gefüllt werden.

Das Mehl in eine Schüssel geben, in der Mitte eine Vertiefung eindrücken und das sehr heiße Schmalz, das kochende Salzwasser und den Alkohol hineingeben. Alles von der Mitte aus mit einem Rührlöffel verarbeiten. Die Masse zu einem geschmeidigen, weichen Teig verkneten. Diesen in einer Plastiktüte aufbewahren, damit er nicht austrocknet. Jeweils eine Handvoll Teig abnehmen, dünn ausrollen, mit einer umgestürzten Untertasse markieren und einen runden Teigflecken ausradeln. Füllen, die Ränder mit Eiweiß (oder Wasser) bepinseln, halbmondförmig zusammenschlagen und fest schließen. In siedendem Öl goldbraun backen. Zum Abtropfen auf Küchenpapier geben und heiß servieren.

Pebre

KLASSISCHER CHILENISCHER KRÄUTERDIP

TRADITIONELL

- 1 Bund frischer Koriander
- 1 Bund Frühlingszwiebeln
- 2 große Tomaten
- 1 grüne Chilischote
- 1/2 Knoblauchzehe
- 1 TL rote Pfeffersauce (Tabasco)
- 2 TL Rotweinessig
- 2 TL Öl
- 1/2 TL Pfeffer
- Salz und Wasser

Den Koriander, die Zwiebeln (mit dem Grün), die entkernten Pfefferschoten und die gehäuteten Tomaten fein hacken. Alles mit den übrigen Zutaten gut vermischen und frisch servieren.

Chancho en Piedra

CHILI-KRÄUTER-DIP

TRADITIONELL

- 1 1/2 kg Tomaten
- 3 große Knoblauchzehen
- 2 Korianderzweige
- 1 Zweig glatte Petersilie
- 1 Zweig frischer Majoran (oder zwei TL getrockneter)
- 3 grüne Chilischoten
- 80 ml Öl
- 10 Pfefferkörner
- 1 1/2 TL Salz

In einem Mörser Salz, Knoblauch und Pfefferkörner zu einem Brei verarbeiten. Die Chilischoten längs teilen, Kerne und Nerven entfernen, klein schneiden und ebenfalls zerreiben. Die fein geschnittenen Kräuter zufügen. In einer Schüssel (möglichst aus Ton) die Paste mit den gehäuteten, in kleine Stücke geschnittenen Tomaten und dem Öl vermischen (dies sollte mit den Händen erfolgen, um alle Zutaten gut zu zerdrücken). Nach Geschmack einige Tropfen Essig dazu geben.

Sauce Ravigote

»KRÄUTERHEXE« – NACH ISABEL ALLENDE

NEUE CHILENISCHE KÜCHE

6–8 Portionen

1 TL gehackte Pfefferminze

1 TL gehackte glatte Petersilie

1 TL gehackter Dill

1 TL gehacktes Koriandergrün

1 TL gehackter Estragon

1 TL gehackter Kerbel

1 TL gehackte Staudenselleriebblätter oder Liebstöckel

1 TL gehacktes Basilikum

1 TL gehackte Kresse

1 EL gehackte Kapern

1 EL Zitronensaft

1 Eigelb

100 ml Olivenöl

1/4 TL Senf

1/4 TL Anisschnaps, Pernod o.ä.

Salz, Pfeffer

Alle Kräuter gründlich im Mixer zerkleinern, Eigelb, Senf und Zitronensaft hinzufügen. Nach und nach das Öl dazugeben, bis sich eine grüne Mayonnaise bildet. Mit Salz und Pfeffer und dem Schuss Alkohol abschmecken.

Diese Sauce passt sehr gut zu kaltem Fleisch. Es können fast alle frischen Kräuter verwendet werden, die im Angebot sind.

»Einer der wenigen Fälle, in denen gegen Übertreibung nichts einzuwenden ist!«

Chimichurri

PAPRIKA-TOMATEN-DIP

TRADITIONELL

4 Portionen

- 1 rote, gehackte Paprikaschote
- 1 große Tomate, gehäutet, entkernt und gehackt
- 1 gehackte Zwiebel
- 2 gehackte Knoblauchzehen
- 2 TL gehackte glatte Petersilie

- 125 ml Öl
- 250 ml weißen Essig
- 1 TL Salz
- 1 TL zerstoßene schwarze Pfefferkörner
- 1 TL getockneter Oregano

Die Zutaten beider Gruppen getrennt gut vermischen, dann die Mischungen in eine Schüssel geben und nochmals sehr gut durchrühren. Mit Frischhaltefolie bedeckt mindestens 12 Stunden im Kühlschrank gut durchziehen lassen.

Pisco Sour

TRAUBENBRANNTWEIN

NATIONALGETRÄNK

- 3 Teile Pisco
- 1 Teil Limettensaft
- Puderzucker
- Eiswürfel
- Angostura bitter

Auf höchster Stufe mixen, mit einigen Tropfen Angostura (s. S. 202) beträufeln und eiskalt servieren.

Cueca

Der Nationaltanz *Cueca* hat am 18. September »Hoch-Zeit«. Gleiches gilt für die *Chicha.* Hinter dieser Bezeichnung verbirgt sich ein chilenisches Getränk, das aus jung vergorenem Trauben- oder Apfelsaft hergestellt wird. Doch Vorsicht: Beim Genuss dieser süß-säuerlichen Flüssigkeit mit dem erfrischenden, prickelnden Geschmack ist Vorsicht geboten, da sie unerwartete Wirkungen hervorrufen kann!

Angostura

Kräuterlikör-Konzentrat mit einem Alkoholgehalt von über 48 Vol.-%.

Das Haus Angostura ist angesiedelt auf der Insel Trinidad, im Herzen der Karibik, vor der Küste Venezuelas. Die Geschichte des Hauses begann im 19. Jahrhundert in Südamerika während der Befreiungskriege. Damals diente der deutsche Arzt Dr. Johann Gottlieb Benjamin Siegert dem Revolutionshelden Simon Bolivar in der venezolanischen Stadt Angostura, die heute Ciudad Bolivar heißt. Nebenbei experimentierte der Mediziner mit exotischen Pflanzen und erfand 1824 den nach der Stadt benannten *Angostura Bitter.* Ursprünglich als fiebersenkendes Medikament für die Soldaten im Urwald gedacht, fand seine interessante Würze auch bald in ganz anderen Kreisen Anklang.

Weihnachten im Hochsommer

Ein Weihnachtsmenü bei 30 °C im Schatten und Sonnenschein bis in die späten Abendstunden? Es mag schon merkwürdig anmuten, aber trotz dieser nicht gerade appetitanregenden Bedingungen steht der Puten-, Enten- oder Gänsebraten auch im Andenland hoch im Kurs – wenn auch in den vergangenen Jahren eine deutliche Tendenz zu neuen, variationsreicheren Menüfolgen, die dem Klima eher angepasst scheinen, zu bemerken ist. Dies fällt zuallererst bei den Angeboten der Restaurants ins Auge: Langustenmedaillons auf Artischockenböden, Schaumcreme aus Räucherlachs, Krabben in Dill-Joghurt mit Kaviar, mit Krebsschwänzen gefüllte Forelle oder Fasan in Kirschmousseline sind Beispiele dafür. An dieser Stelle soll ein etwas kurioses Wehnachtsmenü Erwähnung finden. In seinem Buch *Lo que he comido* (»Was ich gegessen habe«) beschreibt der Gourmet Julio Subercaseaux das Festmahl des 25. Dezember 1947 wie folgt: »Melone, kalte Estragon-Suppe, gebratene Blutwürstchen mit Kartoffelmus, Gänseleberpastete mit Eiern und Staudensalat, getrüffelter Putenbraten mit russischem Salat, Eisbombe, Plum-Pudding, Käse, Früchte und Champagner.« Der Herr muss einen ausgesprochen robusten Magen gehabt haben!

Piscola

PISCO MIT COLA – BELIEBTER LONGDRINK

Cola in ein hohes Glas geben, Pisco auffüllen (Mischungsverhältnis nach Geschmack, etwa 2/3 Cola zu 1/3 Pisco). Mit Eiswürfeln servieren.

Serena Libre

PAPAYA-DRINK AUS NORDCHILE

NEUE CHILENISCHE KÜCHE

80 ml Pisco
160 ml Papaya Nektar
gestoßenes Eis

Eis in ein hohes Glas geben, Pisco und Nektar auffüllen, umrühren, sofort servieren.

Cola de Mono

»AFFENSCHWANZ« – DRINK ZU WEIHNACHTEN UND SILVESTER

TRADITIONELL

1 l Milch
250 ml sehr starker Kaffee
250 ml Pisco (ersatzweise Wodka)
1 Zimtstange
1/2 Vanillestange
10 Gewürznelken
1/2 TL geriebene Muskatnuss
Zucker nach Geschmack

Die Milch 10 Minuten mit den Gewüzen aufkochen, dabei ständig mit einem Holzlöffel umrühren. Durch ein Sieb gießen und auskühlen lassen. Kaffee und Pisco zufügen. Gut mischen und gekühlt servieren.
Anmerkung: lässt sich in Flaschen im Kühlschrank gut aufbewahren.

Anhang

Bezugsquellen

Giuliano Capelli (30) kennt das Beste aus beiden Welten. Der Chilene kam im Jahre 2002 mit dem damaligen Schriftsteller-Botschafter Antonio Skármeta nach Deutschland. Nach vier Jahren Botschaft gönnt er sich nun eine sechsmonatige Auszeit in Chile – zum Erholen, Unterrichten, Recherchieren. Im Frühjahr 2007 möchte Giuliano Capelli gern nach Deutschland zurückkehren – der Liebe wegen – um den Botschaftsgästen in Berlin chilenisch inspirierte Köstlichkeiten zu kredenzen.
Sein Faible fürs Kochen hatte Capelli bereits in frühester Jugend entdeckt: Damals verwöhnte der Teenager Geschwister und Freunde mit Pasta und Suppen wie z.B. Cazuela aus dem Dampfkochtopf. Später schwenkte er in einem China-Restaurant in Santiago Töpfe und Pfannen, um sein Taschengeld aufzubessern. Die Liebe zu den leiblichen Genüssen hatte der Großvater als europäischer Einwanderer aus Italien mitgebracht. Capellis Mutter achtete beim Kochen stets auf Qualität. Und »la tía«, die Tante mütterlicherseits, mischte am Ende kräftig in Sachen Berufsberatung mit.
So zog es der smarte Latino vor, auf »Chef« zu studieren, statt eine Laufbahn als Meeresbiologe oder Jurist einzuschlagen, wie es sich die Eltern gewünscht hatten. Sein Diplom absolvierte Capelli in Santiago am renommierten CIES (Centro Internacional de Estudios en Servicios).

Giuliano Capelli: giulianocapelli@hotmail.com

Seine Einkaufstipps für chilenische (und Ersatz-) Produkte in Deutschland:

Tropische Früchte gibt es hierzulande nicht im selben Aroma und in derselben Qualität zu kaufen wie in Chile. Chirimoya sind auf dem deutschen Markt nur während der Sommermonate erhältlich – aus Spanien importiert. Chirimoya lassen sich hierzulande durch Früchte wie Mangos und Himbeeren ersetzen.

Das Gewürz Curcuma haben gewöhnlich türkische Läden und Gemüsehändler im Sortiment.

Chilenische Papaya (im Glas) kann man per Internet bestellen, z.B. bei

Chile Wein Contor GmbH
Bergheimer Str. 1c
53909 Zülpich (bei Köln)
Tel.: 02252-4073, Fax: 02252-4082
www.cwc.de

Das Geschäft hat weitere Feinkostartikel aus Chile im Sortiment, z.B. Saucen wie Pebre und Ají chileno (Chili), Honig aus Valdivia, Mandeln und Palmitos (Palmenherzen) sowie Oliven- und Avocadoöl. Auch Merquén, sonst in Deutschland nicht erhältlich, gibt es hier zu kaufen. Das grob gemahlene Pulver aus getrockneten und geräucherten Chilischoten lässt sich aber andernfalls durch getrockneten roten Chili ersetzen, den man in türkischen Lebensmittelgeschäften bekommt.

Papaya gibt es oft in Asia-Läden, bzw. Geschäften, die sich auf lateinamerikanische oder spanische Produkte spezialisiert haben, wie z.B. Aquí España (in Berlin-Charlottenburg, Kantstr. 34, Tel: 030-3123315).
Aber auch in gut sortierten Supermärkten kann man mittlerweile Papayas kaufen.

Das Produkt *Charquí* können Sie durch herkömmliches Dörrfleisch *(Jerkey)* ersetzen.

Frischen Koriander sowie Alfalfa erhält man in bester Qualität in typischen Asia-Märkten.

Frische Maiskörner, die bereits vom Maiskolben ausgelöst sind, werden als Tiefkühlgemüse in der Metro angeboten. Vielfach gibt es die Maiskörner in Deutschland ansonsten nur in Konserven zu kaufen. Frischer Zuckermais mit schönen Blättern (für *Humitas*) lässt sich nur schwer finden, denn in den meisten Fällen sind die Blätter bereits abgelöst. Die *Humita*-Masse (aus Zuckermais) kann man im Notfall in die Blätter aus Futtermais einwickeln, der hierzulande leichter zu finden ist.

Pisco wird manchmal (jedoch eher selten), in herkömmlichen Spirituosengeschäften verkauft.

Weitere Bezugsquellen sind:

- Aquí España in Berlin (Anschrift s. oben),
- Weinhandel Kia in Groß Sterneberg südlich von Hamburg (per Internet: www.bouchon.de) sowie
- Chile Wein Contor (Kontakt s. oben) oder
- Stuttgarter Vertrieb
  Mercado Sur
  Griegstraße 27b
  70195 Stuttgart
  Tel. 0711-696602, Fax: 0711-6990786.
  E-Mail: wolf-dv@t-online.de
  Internet: www.mercadosur.de

Quinoa, das Getreide aus dem Andenhochland, gibt es bei uns in Bioläden und Reformhäusern.

Original südamerikanische Teigrohlinge für Empanadas und Tapas (aus Argentinien importiert) kann man ebenfalls bei www.bouchon.de bestellen, allerdings nur kartonweise (30 Dutzend Teigstücke pro Lieferung), also für die größere »Fiesta Chilena«.

Papaya-Honig gibt es in Asia-Läden zu kaufen, wenn Sie dort keinen bekommen, können Sie auch konzentriertes Papaya-Püree nehmen.

Seeaal, Abalones & Co. gibt es, allerdings nur in größeren Mengen für Gastronomie und Großhandel, bei:

KAGERER & Co GmbH
Am Werbering 4
D-85551 Heimstetten
Tel: 089-900485-0
Fax: 089-9039807

E-Mail: scampi@kagerer.de
Internet: www.kagerer.de

Literatur- und Lesetipps

Belletristik

Isabel Allende
Alle Bücher erschienen bei Suhrkamp.

Mit mehr als einem Dutzend Romanen und Jugendbüchern machte die Chilenin Isabel Allende, die heute in Kalifornien lebt, seit Mitte der 80er Jahre weltweit von sich reden. Ihr erstes und bekanntestes Buch, *Das Geisterhaus* (eine Familiengeschichte und Band 1 einer Trilogie mit *Eva Luna* und *Von Liebe und Schatten*), schrieb sie während ihres Exils in Venezuela. Mit dem Roman *Paula* versuchte die Schriftstellerin, Krankheit und Tod ihrer Tochter literarisch zu verarbeiten. Auch *Porträt in Sepia* ist ein Familienepos. Die Story: Eine junge Frau in Kalifornien recherchiert ihre Vergangenheit und gerät dabei bis ins Chile des 19. Jahrhunderts.
Internet: www.isabelallende.com

Weitere Titel von Isabel Allende:
Mein erfundenes Land, Geschichten der Eva Luna, Geschenk für eine Braut, Paula, Fortunas Töchter, Die Stadt der wilden Götter.

Ramón Díaz Eterovic
Kater und Katzenjammer. Ein Fall für Heredía.
Diogenes, 2001. ISBN 3-257-06285-0

Protagonist in den Krimis dieses preisgekrönten Autors ist ein einzelgängerischer Kommissar namens Heredia. Heredia streift durch die Avenidas der sich rapide modernisierenden Hauptstadt Santiago und löst gemeinsam mit seinem Kater Simenon Fälle von Wirtschaftskriminalität und Korruption.
Leider ist dieser Titel nur antiquarisch erhältlich.

Sylvia Iparraguirre
Land der Feuer. Alexander Fest Verlag, 2002.
ISBN 3-8286-0093-X

Eine Forschergruppe aus Großbritannien nimmt eine Reihe eingeborener Yámana an Bord – zu Forschungszwecken. Darunter befindet sich ein »junger Wilder« dem in England Zivilisation und Manieren beigebracht werden sollen. Eines Tages kehrt der Yámana-Indianer mit Teetassen, Silberbesteck und Atlanten zurück in seine fremd gewordene Heimat.
Leider ist dieser Titel nur antiquarisch erhältlich.

Ernesto Che Guevara
The Motorcycle Diaries. Latinoamericana
Tagebuch einer Motorradreise 1951/52.
KiWi, 2004. ISBN 3-462-03449-9

»Dieses ziellose Streifen durch unser riesiges Amerika hat mich stärker verändert, als ich glaubte«, schreibt der 23-jährige Che Guevara in seinem Tagebuch dieser Reise im Jahr 1951.

Gabriel García Marquez
Die Abenteuer des Miguel Littín. Illegal in Chile. Fischer TB, 2004. ISBN 3-423-12110-6

Im Reportagestil, spannend wie einen Thriller, hat Nobelpreisträger Gabriel García Marquez diese auf Tatsachen beruhende Geschichte erzählt. Das Rohmaterial: 18 Stunden Tonband-Aufzeichnungen.
Die Story: während der Zeit der Pinochet-Diktatur kehrt der chilenische Filmregisseur Miguel Littín nach zwölf Jahren im Exil in sein Land zurück und dreht Undercover und unter falscher Identität einen Film über die politischen Zustände in seinem Heimatland.

Gabriela Mistral
Gedichte.

Vor Pablo Neruda die erste Nobelpreisträgerin Chiles und Konsulin in Madrid, Brasilien, Portugal, den USA. Ihre Werke sind in Deutschland fast nur noch antiquarisch zu bekommen. In »Sonetos de la Muerte« (1914) verarbeitete Mistral literarisch den Tod ihres Geliebten, der sich nach einer bekannt gewordenen Unterschlagung das Leben genommen hatte. Gabriela Mistral (1889-1957), Tochter einer baskisch-indianischen Familie, arbeitete nie unter ihrem bürgerlichen Namen Lucila Godoy y Alcayaga. Ihr Pseudonym entstand aus der Bewunderung für den französischen Poeten Frédéric Mistral und den italienischen Schriftsteller Gabriele d'Annunzio. Auf deutsch ist dieser Titel leider nur antiquarisch erhältlich.
Für Spanischsprachige: www.gabrielamistral.uchile.cl

Pablo Neruda
Ich bekenne, ich habe gelebt. Memoiren.
Luchterhand, 2002. ISBN 3-630-62041-8

Eine gute Einführung in Leben, Werden und Werk des chilenischen Poeten, Konsuls, Nobelpreisträgers Pablo Neruda, der mit seinen großen mythischen Gesängen seit den 70ern Studenten in Lateinamerika und Europa in den Bann zog. 1997 erhielt Neruda den Nobelpreis für Literatur; den Sturz seines Freundes Salvador Allende überlebte er nur um zwölf Tage.

Pablo Neruda
Liebesgedichte. dtv, 2000. ISBN 3-423-11817-2

Enthält »Die Verse des Kapitäns« (1952), »20 Liebesgedichte und ein Lied der Verzweiflung« (1924) und »Der rasende Schleuderer« (1933).

Luis Sepúlveda
Der Alte, der Liebesromane las. dtv, 2000.
ISBN 3- 423-11817-2

Sepúlveda, vielfach ausgezeichnet, arbeitete auch als Journalist, Regisseur, politischer Aktivist. Während der Diktatur unter Augusto Pinochet wurde er verhaftet und lebte später im Exil, u.a. als politischer Flüchtling in Deutschland. »Der Alte, der Liebesromane las«, wurde in 46 Sprachen übersetzt. Thema des Romans: Antonio, der sich nach dem Tod seiner Frau seine Zeit mit dem Lesen von Liebesromanen vertreibt, gerät in eine Auseinandersetzung mit den Urkräften und Gefahren der Natur, nachdem eines Tage die Leiche eines Engländers in einem Kanu angetrieben wird.

Antonio Skármeta
Mit brennender Geduld. Piper, 2000.
ISBN 3-492-22678-7

Vielen ist diese Geschichte des Schriftsteller und Berlin-Botschafters Antonio Skármeta eher unter dem Namen der europäischen Verfilmung »Il Postino« geläufig: Der Fischer Mario Jímenez beschließt, seinen Beruf aufzugeben und heuert als Postbote an der chilenischen Pazifikküste an, wo er dem Poeten Pablo Neruda auf der Isla Negra die Briefe per Boot vorbeibringt. Jímenez wird von Neruda in die Geheimnisse der Poesie eingeweiht, verliebt sich in eine junge Frau, wirbt mit einem Gedicht um seine Angebetete. Eine einfühlsame Geschichte, die Anfang der 70er spielt, vor dem zeitgeschichtlichen Hintergrund der sich allmählich zuspitzenden politischen Situation in Chile.

Antonio Skármeta
Die Hochzeit des Dichters. Piper, 2000.
3-492-23500-X

Das bekannteste Buch von Skármeta: Die Geschichte und Auswanderungssaga handelt vom Leben auf einer Mittelmeerinsel, das plötzlich von den politischen Wirrungen zu Beginn des 20. Jahrhunderts durcheinander gewirbelt wird. Die Story: Der Vorabend eines gesellschaftlichen Events, einer spektakulären Hochzeit zwischen einem alternden Bohémien und der weiblichen Inselschönheit.

Antonio Skármeta
Das Mädchen mit der Posaune. Piper, 2003.
ISBN 3-492-23981-1

Das Waisenmädchen Magdalena, deren Eltern von den Nazis umgebracht worden sind, kommt mit einem Posaunisten nach Chile und wächst dort auf. Ihr größter Traum: In Amerika leben. Magdalena findet einen Gleichgesinnten.

Reiseliteratur

Caroline Alexander
Die Endurance. Shackletons legendäre Expedition in die Antarktis. Berliner Taschenbuch Verlag, 2002 (Original 1998). ISBN 3-442-76017-8.

Frank Hurley war der Fotograf an Bord der »Endurance« in Shackletons Team, der die Polar-Expedition 1914 und den Fortgang ihres Scheiterns fotografisch dokumentierte. Heute sind die Bilder im Besitz der Royal Geographic Society's Picture Library bzw. beim Scott Polar Research Institute der Cambridge University. Caroline Alexander hat die Fotografien in Deutschland erstmals in diesem beachteten Bildband veröffentlicht.

Klaus Bednarz
Am Ende der Welt. Eine Reise durch Feuerland und Patagonien. Rowohlt Tb, 2005. ISBN 3-499-61942-3

Goldsucher, Schafzüchter, Missionare, Abenteurer, Umweltschützer und Indianer: Der Fernsehjournalist Klaus Bednarz (früher Moskau-Korrespondent der ARD) ist mit Patagonien auf Tuchfühlung gegangen. Daraus ist ein vielschichtiges Porträt entstanden, das nicht nur als zweiteiliger Fernsehbeitrag, sondern auch als Buch erschienen ist.

Bruce Chatwin
In Patagonien. Reise in ein fernes Land.
Rowohlt Tb, 2006.
ISBN 3-499-24180-3

Der Klassiker schlechthin über den Mythos Patagonien. Diese schwer abgrenzbare Region liegt in Argentinien und Chile. Im 19. Jahrhundert wanderten Engländer, Waliser, Schotten, Deutsche und Buren in das rauhe Land ein, das für endlose Weite und unaufhörliche

Winde steht. Bruce Chatwin, der ewig Suchende und Reisende, fand in Patagonien eine Fundgrube an Geschichten – über die Themen Emigration und Exil, Abenteuer, Aufbruch und Angst. Der Brite arbeitete vorher als Journalist bei der »Sunday Times« sowie im Auktionshaus »Sotheby's«. Chatwin gilt mit seinen persönlich gefärbten Reiseerzählungen als Mitbegründer des »New Journalism«. Sein Buch »In Patagonien« machte ihn weltberühmt.

Stephanie Pauly
Aufbruch in ein neues Leben.
Rapa Nui – eine Liebe auf der Osterinsel
Hoffmann & Campe, 2002. ISBN 3-455-09373-6

Erfrischend offen und scheinbar naiv schildert Stephanie Pauly, eine ehemalige Chemielehrerin aus Köln, wie eine touristische Reise nach Südamerika ihr Leben komplett veränderte. Statt im Urlaub Pinguine und Wale an der chilenischen Küste zu beobachten, machte sie einen ungeplanten Abstecher zur 3000 Kilometer entfernten Osterinsel. Dort verliebte sich Pauly in einen Rapa Nui. Kurzerhand gibt sie ihre gesicherte Beamten-Existenz in Deutschland auf, um ganz nach Polynesien überzusiedeln.

Rosie Swale
Zu Pferd durch Chile. Ein Jahr unterwegs
bis zum Kap Hoorn. Frederking & Thaler, 2001.
ISBN 3-89405-030-6 (Erstmals: 1986)

Unerschrocken! Die Waliserin schreibt einen packenden Abenteuer-Reisebericht über ihre Erlebnisse in den verschiedenen Regionen Chiles. Sie durchreiste das ganze Land von Nord nach Süd mit zwei Pferden, und zwar ganz allein. Swales Devise: »Wenn man etwas von ganzem Herzen will, schafft man es auch!«

Sara Wheeler
Reisen in einem schmalen Land
Frederking & Thaler, 2002. ISBN 3-89405-160-4.

Wheeler, britische Reisejournalistin, entdeckt die Destination Chile sehr zufällig: Im Freibad ihrer Heimatstadt London, mitten im August, ist ihr Handtuch neben dem eines Chilenen platziert. Aus der Freibad-Begegnung folgen Fragen und Recherchen. Schließlich macht sich Sara Wheeler Mitte der 90er Jahre auf, um das Land sechs Monate lang von Nord nach Süd zu bereisen. Herausgekommen ist ein gut recherchierter, persönlich gefärbter Reisebericht, der Chile auf dem beschwerlichen und teils widersprüchlichen Weg in die Demokratie beschreibt.

Sara Wheeler
Terra Incognita. Reisen in der Antarktis. Frederking & Thaler, 2002. ISBN 3-89405-157-4.

Die Recherchereise in Chile führten die britische Reisejournalistin unter anderem auch zur King-George-Insel im Süden, ein Schlüsselerlebnis, das die nächste große Leidenschaft weckte: eine Reise in die Antarktis. Umfangreiche historische, geografische, literarische Recherchen folgen. Schließlich verwirklicht die Journalistin ihren Traum und verbringt einen Sommer am Südpol.

Sachbücher

Ariel Dorfman

Den Terror bezwingen. Der lange Schatten General Pinochets. Konkret Literatur Verlag, Hamburg. 2003. ISBN 3-89458-223-5

Der heute in den USA lebende Schriftsteller ist gebürtiger Argentinier, aufgewachsen in Chile. Während der Diktatur floh er nach Argentinien. Dorfman hat die Prozesse gegen Pinochet in London und Santiago begleitet. Neben den Prozessberichten, die Rückblicke in die jüngere Geschicht einschließen, geht Dorfman der Frage nach, wie Pinochet und sein Regime durch nationale und internationale Einflüsse überhaupt möglich wurden.

Susan Roraff, Laura Camacho

Culture Shock! Chile. A Guide to Customs and Etiquette. Kuperard, 2000. ISBN 1-85733-239-3

Ob Fiestas und Folklore, Food und Familie, Business-Leben und Religion: Der englischsprachige Guide bietet – alphabetisch nach Stichworten und Begriffen sortiert – Tipps und Hintergründe an, die das Verständnis der chilenischen Gesellschaft, das Reisen und Leben dort erleichtern.

Günther Wessel

Die Allendes. Mit brennender Geduld für eine bessere Welt. Bastei Lübbe, 2004. ISBN 3-404-61537-9

Sie kämpften für bürgerliche Freiheitsrechte, fochten für die Trennung von Staat und Kirche und für sozialen Fortschritt. Die Allendes gehörten nie zur reichen chilenischen Oberschicht; die »Kennedys von Lateinamerika« standen für Aufbruch und Veränderung. Der Vergleich, den Günther Wessel in seinem Buch wagt, erweckt den Eindruck eines publicity-trächtigen Arbeitstitels. Aber das Buch erzählt auf kurzweilige Art die Familienchronik der Allendes vom 19. Jahrhundert bis heute. Wessel verknüpft biografische Folklore mit politischen Fragen und geschichtlichen Zusammenhängen. Allende, Zeitgenosse Che Guevaras, verkörperte weniger radikale Ideen als der kubanische Revolutionär. Längst bevor Fidel Castro und Che Guevara 1959 den Diktator Batista gestürzt hatten, hatte sich Allende um das Präsidentenamt in Chile beworben. Doch erst der vierte Versuch 1970 war erfolgreich.

Efraín Vedder

Weg vom Leben. 35 Jahre Gefangenschaft in der deutschen Sekte Colonia Dignidad. Ullstein Hardcover, März 2005. Als Taschenbuch im März 2007. ISBN 3-548-36892-1

Ein Augenzeugenbericht über ein sehr unrühmliches Kapitel deutscher Geschichte in Chile: die Sekte "Colonia Dignidad" (Kolonie der Würde), in die Efraín Vedder schon als Baby zwangsadoptiert wurde. Nach 35 Jahren, als er den Ausstieg schaffte, hat Vedder einen bewegenden Bericht über das brutale Leben in der Sekte und seine Erlebnisse dort geschrieben. Inzwischen wurde der berüchtigte Sektengründer Paul Schäfer in Argentinien verhaftet und nach Chile ausgeliefert.

Reiseführer

Susanne Asal

Chile mit Osterinsel. Dumont. Richtig Reisen, 2005. ISBN 3-7701-4812-6

Gut zur Einführung in die verschiedenen Regionen und Reisehighlights Chiles.

Hella Braune, Frank Semper
Chile. Nah Dran. Sebra-Verlag, 2005.
ISBN 3-9805953-5-8. www.sebra-verlag.de
Diesem Reiseführer merkt man die Liebe und Neugier seiner Autoren zu Lateinamerika an. Kundig, umfassend, und mit einem Schuss Ironie versehen.

Ralf Gantzhorn
Patagonien. Trekking-Guide. Bruckmann, 2004.
ISBN 3765440337.
Hier hat ein Aficionado und Abenteuer-Reisender aus Hamburg Hand angelegt. Mehr über den Autor: www.ralf-gantzhorn.de

Toby Green
Chile Handbook. Footprint, 2004.
Südamerika-Liebhaber, Trekker und Rucksacktouristen schätzen das »South American Handbook«, das in derselben Reihe erschienen ist. Teilweise pointierter als deutschsprachige Guides mit vielen praktischen Detailinfos zum Reisen auf eigene Faust versehen.

Franz Schubert, Malte Sieber
Adventure Handbook Central Chile.
Viachile Editores, 2002. Direktvertrieb: www.backpackers-chile.com/chile-handbuch.htm
Wandern, Klettern, Reiten, Raften: Dieses Buch widmet sich speziell der Zentralzone (rund um die Hauptstadt Santiago) und ihren Naturschönheiten. Anders als bei den meisten Guides, wo der Große Norden und der Große Süden beworben werden. Die Autoren leben seit vielen Jahren in Chile.

Enno Witfeld
Spanisch für Chile. Wort für Wort.
Reihe: Kauderwelsch Bd. 101. Reise-Know-How Verlag. Peter Rump GmbH, 1995.
ISBN 3-89416-296-1

Küche & Gastronomie

Isabel Allende
Aphrodite. Eine Feier der Sinne. Suhrkamp, 1999.
ISBN 3-518-39546-7
Allende mal anders: Hier erfahren wir (erotisch inspirierte) Rezepte aus der Zauberküche ihrer Mutter Panchita. Aber das Koch- und Genussbuch mit Rezepten und Geschichten zeigt nur teilweise, was Chiles authentische Küche zu bieten hat. Hier vermischen sich kulinarische Erfahrungen aus der Karibik und Asien mit der chilenischen Lebensart.

Karla Berndt
Negocios con Sabor (Geschäfte mit Geschmack). Dreisprachiger (deutsch, englisch, spanisch) Restaurantführer (Santiago) für Manager. Hrsg. CAMCHAL, 2003.
ISBN: 956-8277-00-5

Karla Berndt
Negocios con Glamour. (Geschäfte mit Glamour). Dreisprachiger (deutsch, englisch, spanisch) Hotelführer (Chile) für Manager. Hrsg.: Publitz. 1. Auflage, 2004.
ISBN 956-8277-01-3

Karla Berndt
Negocios con Placer. (Geschäfte mit Vergnügen). Dreisprachiger (deutsch, englisch, spanisch) Freizeitführer (Chile) für Manager. Hrsg. Publitz. 1. Auflage, 2005.
ISBN 956-8277-02-1

Flavours of Chile
40 Gastronomics Recipes From the North to the South of Chile. (mit Weinempfehlungen zum jeweiligen Gericht). Prochile (Ed.) June, 2003 (Auflage 1.500).

Sabores de Chile
Associación Chilena de Gastronomía, (Editora: María Elisa Ruiz Vera). Editorial Don Bosco, Providencia, Chile, 2003. ISBN 956-18-0646-0. Hier sind Hausfrauen gegen Küchenchefs in einem «Concurso” angetreten. Die vom chilenischen Gastronomie-Verband prämiierten Rezepte sind in diesem Band zusammengefasst.

Surftipps zu Chile im Internet

www.chileinfos.de
Tourismus-Homepage des Generalkonsulats Chile

www.contactchile.cl
Vermittlung von Unterkünften, Sprachkursen und Praktikumsplätzen

www.chile-web.de
Webkatalog mit Links zu chilenischen Rezepten

www.chile-weine.de
»El Bodegón«. Feine Weine aus Chile

www.chilecita.net
Weblog zu Reisen, Lektüre, Kulinaria und Zeitgeschichte

www.condor.cl
Wochenzeitung der deutsch(sprachig)en Community in Chile

www.camchal.com
Deutsch-Chilenische Industrie- und Handelskammer

Spanischsprachige Sites

www.emol.cl
El Mercurio, chilenische Tageszeitung

www.quepasa.cl
Chilenische Wochenzeitung

Rutas del Vino

Casablanca
www.casablancavalley.cl
E -mail: wineroute@casablancavalley.cl

Cachapoal
www.cachapoaiwineroute.com
E-Mail: info@cachapoalwineroute.com

Colchagua
www.colchaquavalley.cl
E-Mail: mqili@rutadelvino.cl

Informationen zum Zug des Weines:
www.trendelvino.cl

Curicó
www.rvvc.cl · E-Mail
info@rvvc.cl

Maule
www.chilewineroute.cl
E-Mail: wineroute@entelchile.net

Die AutorInnen

Karla Berndt

Journalistin aus Deutschland, lebt seit mehr als 19 Jahren in Santiago de Chile und leitet dort die PR-Arbeit der Deutsch-Chilenischen Industrie- und Handelskammer. Nicht nur als Mitglied des Círculo de Cronistas Gastronómicos de Chile (chilenischer Gastronomie- und Weinkritikerverband) beobachtet sie seit Jahren die gastronomische Szene Chiles. Sie schreibt über Kulinarisches und Gastronomisches, berät Restaurants und hat unter anderem einen dreisprachigen Restaurantführer für Manager veröffentlicht.

publitz@tie.cl

Birgit Heitfeld

Journalistin, lebt als freie Autorin in Berlin. Zu ihren Lieblingsthemen gehören Reisen (Chile, Lateinamerika), Modernes Leben und Luftfahrt. Ein Do-it-yourself-Guide für Journalisten zur Arbeit im Ausland erschien 2004. Erfahrung als Dozentin sammelte Birgit Heitfeld bei der ZfU International Business School Zürich, im Medienbüro Hamburg, beim Internationalen Institut für Journalismus sowie für Atlanta Art Institutes in Berlin. Ihre Liebe zu Südamerika entdeckte sie bei ihrer ersten mehrmonatigen Reise auf den Kontinent im Jahre 2000.

www.chilecita.net

Friedhelm Mühleib

Der Journalist, Ernährungswissenschaftler und Weinexperte Dr. Friedhelm Mühleib lebt und arbeitet in der Nähe von Köln, dort finden auch seine Ernährungs- und Weinseminare statt (www.freiraum-seminare.de). Er betreibt unter anderem das Internetportal www.wohl-bekomms.info, auf dem er sich mit Themen rund um Ernährung, Essen, Trinken und Genuss beschäftigt. Chile gehört zu seinen Traumzielen: Seit vielen Jahren reist er immer wieder in das Land zwischen Anden und Pazifik und hat dabei Land und Leute kennen und lieben gelernt.

Register

Lektorat
Ilka Grunenberg, Neustadt an der Weinstraße

Gestaltung und Satz
Böning Design, Verena Böning, München

Lithografie
Lithotronic Media GmbH, Frankfurt

Druck
Zanardi Group, Italien

Foodfotografie
Jorge Marin Reiche
Außer
Publitz Ltda. - Servicios Periodísticos y Publicitarios: S. 42, S. 70, S. 128, S. 140
Estudio Jorge Brantmayer: S. 59, S. 97, S. 139, S. 148, S. 157, S. 172, S. 193

Weitere Fotos
Jorge Marin Reiche: S. 10, S. 11, S. 13, S.14, S. 16, S. 18, S. 27, S. 29, S. 36 o. l., S. 36 u., S. 37, S. 39, S. 66 u., S. 67 o., S. 68, S. 82, S. 91, S. 103 r., S. 112, S. 118, S. 122 o., S. 126, S. 132 u., S. 133, S. 180, S. 182, S. 184 u. l., S. 188 u., S. 189 u., S. 201, S. 204 o., S. 205 o., S. 214; Corporación de Promoción Turística de Chile, CPT, www.visit-chile.org: S. 33, S. 46, S. 67 u., S. 103 l., S. 122 u., S. 130, S. 135, S. 184 o., S. 184 u. r., S. 189 o., 204 u., S. 205 u.; Publitz Ltda. – Servicios Periodísticos y Publicitarios: S. 59, S. 193; Sernatur – Servicio Nacional de Turísmo: S. 4, S. 36 o. r., S. 106, S. 71; Friedhelm Mühleib: S. 21, S. 49, S. 66 o., S. 80, S. 98, S. 108, S. 132 o. r.; Fotolia.de: Felipe Barriga Richard S. 12, Katrina Brown S. 45, Fabian Sessler S. 55, Marco Jimenez S. 134, Mark Rasmussen S. 176; Monika Nonnenmacher: S. 30, S. 74, S. 160, S. 169; Birgit Heitfeld: S. 17, S. 38, S. 108; Till Gottbrath: S. 132 o. l., S. 188 o. l.; Karla Berndt: S. 188 o. r.; Giuliano Capelli: S. 206; Estudio Jorge Brantmayer: S. 191
Publitz Ltda. – Servicios Periodísticos y Publicitarios: hintere Klappe

Printed in Italy
ISBN-10: 3-86528-266-0
ISBN-13: 978-3-86528-266-8

Dieses Werk wurde vermittelt durch Aenne Glienke, Agentur für Autoren und Verlage, www.AenneGlienkeAgentur.de.

Besuchen Sie uns im Internet:
www.umschau-buchverlag.de